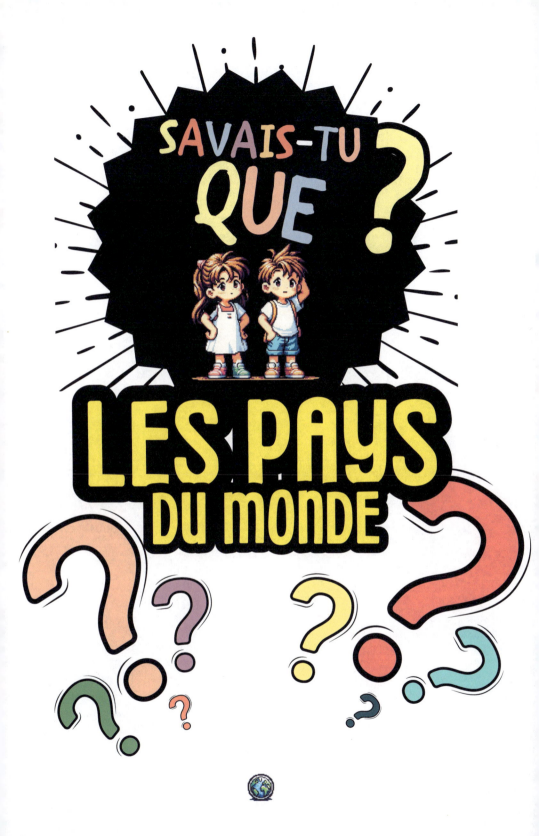

À savoir avant de partir :

Bienvenue! Prépares-toi à embarquer pour un voyage extraordinaire à travers le monde. Ce livre illustré unique est conçu spécialement pour les curieux et les aventuriers, qui veulent explorer tous les recoins de notre monde fascinant et surtout, d'en savoir plus!

Explorer le monde, une page à la fois:

Nous avons méticuleusement organisé ce livre par ordre alphabétique, ce qui rend la navigation facile. Chaque page est dédiée à un pays ou territoire différent, avec son nom, son drapeau, sa population, sa capitale et sa superficie. Mais ce n'est pas tout : nous avons également inclus une mini-carte pratique pour chaque lieu, afin de voir où cela se trouve dans le monde ! Il y a également un code couleur en haut de chaque page : Rouge pour l'Amérique, Marron pour l'Afrique, Vert pour l'Europe, Orange pour l'Asie et Violet pour l'Océanie et le Pacifique. Pratique !

Des anecdotes à découvrir:

Chaque page te propose de découvrir un fait amusant ou intéressant sur chaque lieu. Savais-tu qu'il existe un pays où les chèvres grimpent aux arbres ? Ou une île avec un lac qui est peuplé de millions de méduses qui ne piquent pas ? Ce ne sont là que quelques-unes des choses que tu découvrira en tournant les pages.

Une aventure illustrée!

Le point culminant de chaque page est l'illustration détaillée et colorée pour chaque pays ou territoire. Ces illustrations ne sont pas seulement amusantes à regarder ; elles sont une fenêtre sur les diverses cultures, paysages et histoires des pays du monde.

Alors, es-tu prêt à explorer le monde ? Prends ton passeport imaginaire et commençons cet incroyable voyage ensemble. Chaque page est une nouvelle découverte, prépares toi à être étonné !

Où allons-nous ?

Rouge pour l'Amérique, Marron pour l'Afrique, Vert pour l'Europe, Orange pour l'Asie, Violet pour l'Océanie et le Pacifique.

- 09 • Açores (Portugal)
- 10 • Afghanistan
- 11 • Afrique du Sud
- 12 • Albanie
- 13 • Algérie
- 14 • Allemagne
- 15 • Andorre
- 16 • Angleterre (Royaume-Uni)
- 17 • Angola
- 18 • Anguilla (Royaume-Uni)
- 19 • Antarctique
- 20 • Antigua-et-Barbuda
- 21 • Arabie Saoudite
- 22 • Argentine
- 23 • Arménie
- 24 • Aruba (Pays-Bas)
- 25 • Australie
- 26 • Autriche
- 27 • Azerbaïdjan
- 28 • Bahamas
- 29 • Bahreïn
- 30 • Bangladesh
- 31 • Barbade
- 32 • Belgique
- 33 • Bélize
- 34 • Bénin
- 35 • Bermudes (Royaume-Uni)
- 36 • Bhoutan
- 37 • Biélorussie
- 38 • Bolivie
- 39 • Bonaire (Pays-Bas)
- 40 • Bosnie-Herzégovine
- 41 • Botswana
- 42 • Brésil
- 43 • Brunéi
- 44 • Bulgarie
- 45 • Burkina Faso
- 46 • Burundi
- 47 • Caïmans (Îles) (Royaume-Uni)
- 48 • Cambodge
- 49 • Cameroun
- 50 • Canada
- 51 • Canaries (Îles) (Espagne)
- 52 • Cap-Vert
- 53 • Chili
- 54 • Chine
- 55 • Chypre
- 56 • Colombie
- 57 • Comores
- 58 • Congo-Brazzaville
- 59 • Corée du Nord
- 60 • Corée du Sud
- 61 • Costa Rica
- 62 • Côte d'Ivoire
- 63 • Croatie
- 64 • Cuba
- 65 • Curaçao (Pays-Bas)
- 66 • Danemark
- 67 • Djibouti
- 68 • Dominique
- 69 • Écosse (Royaume-Uni)
- 70 • Égypte
- 71 • Émirats arabes unis - Abu Dhabi
- 72 • Émirats arabes unis - Dubaï
- 73 • Équateur
- 74 • Érythrée
- 75 • Espagne
- 76 • Estonie
- 77 • Eswatini
- 78 • États-Unis
- 79 • Éthiopie
- 80 • Fidji
- 81 • Finlande
- 82 • France
- 83 • Gabon
- 84 • Gambie
- 85 • Géorgie
- 86 • Ghana
- 87 • Gibraltar (Royaume-Uni)
- 88 • Grèce
- 89 • Grenade
- 90 • Groenland (Danemark)
- 91 • Guadeloupe (France)
- 92 • Guam (États-Unis)
- 93 • Guatemala
- 94 • Guernesey (Royaume-Uni)

Où allons-nous ?

Rouge pour l'Amérique, Marron pour l'Afrique, Vert pour l'Europe, Orange pour l'Asie, Violet pour l'Océanie et le Pacifique.

95 · Guinée
96 · Guinée-Bissau
97 · Guinée Équatoriale
98 · Guyana
99 · Guyane Française (France)
100 · Haïti
101 · Honduras
102 · Hong Kong (Chine)
103 · Hongrie
104 · Île de Man (Royaume-Uni)
105 · Îles Cook
106 · Îles Falkland (Malouines)
107 · Îles Féroé (Danemark)
108 · Îles Marshall (États-Unis)
109 · Îles Vierges Américaines
110 · Îles Vierges Britanniques
111 · Inde
112 · Indonésie
113 · Irak
114 · Iran
115 · Irlande
116 · Irlande du Nord (Royaume-Uni)
117 · Islande
118 · Israël
119 · Italie
120 · Jamaïque
121 · Japon
122 · Jersey (Royaume-Uni)
123 · Jordanie
124 · Kazakhstan
125 · Kenya
126 · Kirghizistan
127 · Kiribati
128 · Kosovo
129 · Koweït
130 · Laos
131 · Lesotho
132 · Lettonie
133 · Liban
134 · Libéria
135 · Libye
136 · Liechtenstein
137 · Lituanie

138 · Luxembourg
139 · Macao (Chine)
140 · Macédoine du Nord
141 · Madagascar
142 · Madère (Portugal)
143 · Malaisie
144 · Malawi
145 · Maldives
146 · Mali
147 · Malte
148 · Mariannes du Nord (États-Unis)
149 · Maroc
150 · Martinique (France)
151 · Maurice (Île)
152 · Mauritanie
153 · Mayotte (France)
154 · Mexique
155 · Micronésie
156 · Moldavie
157 · Monaco
158 · Mongolie
159 · Monténégro
160 · Montserrat (Royaume-Uni)
161 · Mozambique
162 · Myanmar (Birmanie)
163 · Namibie
164 · Nauru
165 · Népal
166 · Nicaragua
167 · Niger
168 · Nigéria
169 · Niue
170 · Norvège
171 · Nouvelle-Calédonie (France)
172 · Nouvelle-Zélande
173 · Oman
174 · Ouganda
175 · Ouzbékistan
176 · Pakistan
177 · Palaos
178 · Palestine
179 · Panamá
180 · Papouasie-Nouvelle-Guinée

Où allons-nous ?

Rouge pour l'Amérique, Marron pour l'Afrique, Vert pour l'Europe, Orange pour l'Asie, Violet pour l'Océanie et le Pacifique.

- 181 · Paraguay
- 182 · Pays de Galles (Royaume-Uni)
- 183 · Pays-Bas
- 184 · Pérou
- 185 · Philippines
- 186 · Pitcairn (Royaume-Uni)
- 187 · Pologne
- 188 · Polynésie française (France)
- 189 · Porto Rico (États-Unis)
- 190 · Portugal
- 191 · Qatar
- 192 · République centrafricaine
- 193 · République démocratique du Congo
- 194 · République Dominicaine
- 195 · Réunion (île) (France)
- 196 · Roumanie
- 197 · Russie
- 198 · Rwanda
- 199 · Saba (Pays-Bas)
- 200 · Sahara occidental
- 201 · Saint-Eustache (Pays-Bas)
- 202 · Saint-Kitts-et-Nevis
- 203 · Saint-Marin
- 204 · Saint-Vincent-et-les Grenadines
- 205 · Sainte-Lucie
- 206 · Salomon (Îles)
- 207 · Salvador
- 208 · Samoa
- 209 · Samoa Américaines (États-Unis)
- 210 · São Tomé et Principe
- 211 · Sénégal
- 212 · Serbie
- 213 · Seychelles
- 214 · Sierra Leone
- 215 · Singapour
- 216 · Slovaquie
- 217 · Slovénie
- 218 · Somalie
- 219 · Soudan
- 220 · Soudan du Sud
- 221 · Sri Lanka
- 222 · St Maarten / St Martin
- 223 · Suède
- 224 · Suisse
- 225 · Suriname
- 226 · Syrie
- 227 · Tadjikistan
- 228 · Taïwan
- 229 · Tanzanie
- 230 · Tchad
- 231 · Tchéquie (République Tchèque)
- 232 · Thaïlande
- 233 · Tibet (Chine)
- 234 · Timor-Leste (Timor Oriental)
- 235 · Togo
- 236 · Tokelau
- 237 · Tonga
- 238 · Trinité-et-Tobago
- 239 · Tunisie
- 240 · Turkménistan
- 241 · Turques et Caïques (îles)
- 242 · Turquie
- 243 · Tuvalu
- 244 · Ukraine
- 245 · Uruguay
- 246 · Vanuatu
- 247 · Vatican
- 248 · Vénézuela
- 249 · Viêt Nam
- 250 · Wallis et Futuna (France)
- 251 · Yémen
- 252 · Zambie
- 253 · Zimbabwe

AÇORES
PORTUGAL

Europe - Atlantique
population: 236 440
capitale: Ponta Delgada
Superficie (km^2) : 2 351

Savais-tu que les Açores, un groupe d'îles au milieu de l'Atlantique, sont le sommet de grandes montagnes sous-marines et possèdent plus de 26 espèces de cétacés, ce qui en fait l'un des meilleurs endroits au monde pour observer les baleines et les dauphins ?

AFGHANISTAN

Asie centrale
population: 42 919 968
capitale: Kaboul
Superficie (km^2) : 652 860

Savais-tu qu'en Afghanistan, il existe un sport très ancien appelé le 'Buzkashi' où les joueurs à cheval essaient de saisir et de transporter une chèvre ou un veau vers un objectif, tout en galopant à grande vitesse?

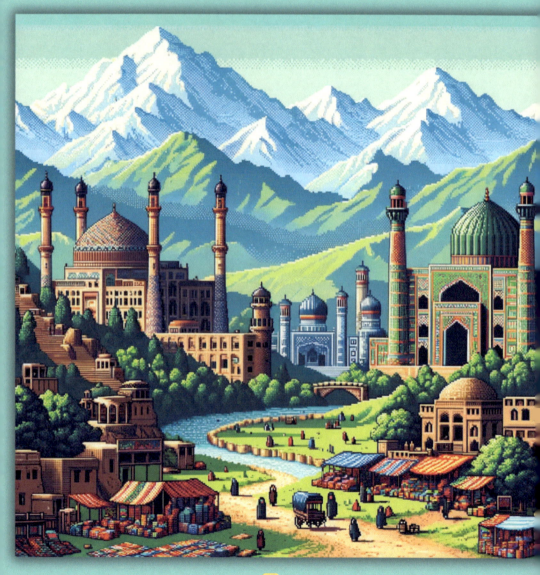

AFRIQUE DU SUD

Afrique du sud
population: 60 756 135
capitale: Pretoria
Superficie (km^2) : 1 219 090

Savais-tu qu'en Afrique du Sud, tu peux visiter le Cap de Bonne-Espérance, souvent considéré à tort comme le point le plus au sud de l'Afrique, qui offre toutefois des vues spectaculaires sur l'océan et une riche biodiversité, et est un lieu emblématique pour sa beauté naturelle et son importance historique dans la navigation ?

ALBANIE

Europe de l'Est
population : 2 828 548
capitale: Tirana
Superficie (km^2) : 27 400

Savais-tu qu'en Albanie, il y a plus de 750 000 bunkers construits pendant la guerre froide, conçus pour protéger la population contre une invasion qui n'est jamais arrivée?

ALGÉRIE

Afrique du Nord
population: 46 010 563
capitale: Alger
Superficie (km^2) : 2 381 740

Savais-tu qu'en Algérie se trouve le plus grand désert du monde, le Sahara, qui couvre une grande partie du pays avec ses dunes spectaculaires et ses paysages lunaires?

ALLEMAGNE

Europe de l'Ouest
population : 84 607 016
capitale : Berlin
Superficie (km^2) : 357 600

Savais-tu qu'en Allemagne, il existe une route touristique appelée la Route Romantique, qui s'étend sur 350 kilomètres à travers la Bavière, offrant des paysages de contes de fées avec ses châteaux médiévaux, ses villages pittoresques et ses forêts anciennes ?

ANDORRE

Europe de l'Ouest
population: 80 241
capitale: Andorre-la-Vieille
Superficie (km^2) : 470

Savais-tu qu'Andorre est l'un des plus petits pays du monde et ne possède pas d'aéroport ni de gare, les visiteurs arrivent généralement par la route depuis la France ou l'Espagne ?

ANGLETERRE
ROYAUME-UNI

Europe de l'Ouest
population : 56 536 419
capitale: Londres
Superficie (km^2) : 132 930

Savais-tu qu'en Angleterre se trouve le Stonehenge, un des monuments les plus mystérieux du monde, constitué de pierres dressées il y a plus de 5000 ans, dont l'origine et le but restent encore largement inexpliqués aujourd'hui ?

ANGOLA

Afrique du sud
population: 37 355 498
capitale: Luanda
Superficie (km^2) : 1 246 700

Savais-tu qu'en Angola se trouve la Miradouro da Lua, une impressionnante formation géologique qui ressemble à un paysage lunaire avec ses falaises colorées en couches successives?

ANGUILLA
ROYAUME-UNI

Amérique Centrale - Caraïbes
population: 15 921
capitale: The Valley
Superficie (km^2) : 90

Savais-tu qu'à Anguilla, il y a une course annuelle de bateaux fabriqués à partir de noix de coco, une tradition amusante où les habitants et les visiteurs s'affrontent en mer avec ces petites embarcations ?

ANTARCTIQUE

Antarctique
population: 0
Superficie (km^2) : 14 200 000

Savais-tu qu'en Antarctique, il existe un bureau de poste géré par le Royaume-Uni, Port Lockroy, où les visiteurs peuvent envoyer des cartes postales avec un timbre unique de l'Antarctique?

ANTIGUA-ET-BARBUDA

Amérique Centrale - Caraïbes
population: 94 612
capitale: Saint John's
Superficie (km^2) : 440

Savais-tu qu'à Antigua-et-Barbuda, il y a une plage pour chaque jour de l'année, offrant aux visiteurs un choix incroyable de plus de 365 plages paradisiaques?

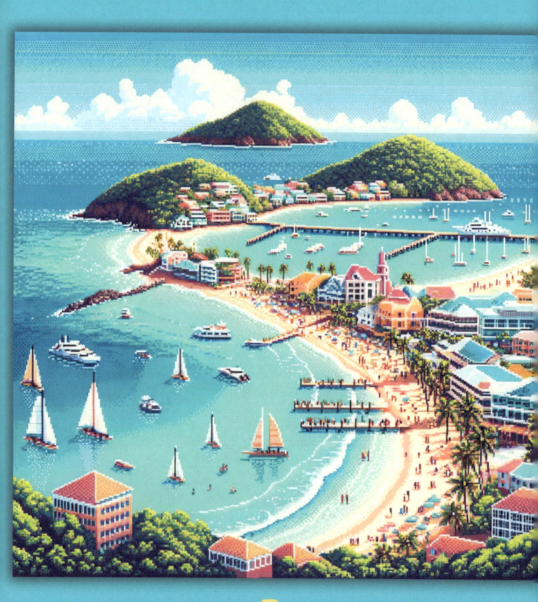

ARABIE SAOUDITE

Moyen-Orient
population: 35 844 000
capitale: Riyad
Superficie (km²) : 2 149 690

Savais-tu qu'en Arabie Saoudite, il y a un désert unique appelé Rub' al Khali ou le Quart Vide, le plus grand désert de sable continu au monde et le plus aride, couvrant une grande partie de la péninsule Arabique, et célèbre pour ses dunes de sable rouge-orange immenses et ses paysages désertiques spectaculaires ?

ARGENTINE

Amérique du Sud
population: 45 946 075
capitale: Buenos Aires
Superficie (km^2) : 2 736 690

Savais-tu que l'Argentine est reconnue pour avoir inventé le tango, une danse passionnée qui est devenue célèbre dans le monde entier et est même inscrite au patrimoine culturel immatériel de l'UNESCO?

ARMÉNIE

Asie occidentale
population : 2 777 975
capitale : Yerevan
Superficie (km^2) : 28 470

Savais-tu qu'en Arménie se trouve le plus ancien vignoble connu au monde, datant de plus de 6000 ans, témoignant de l'une des plus anciennes traditions viticoles de la planète?

ARUBA
PAYS-BAS

Amérique Centrale - Caraïbes
population: 106 216
capitale: Oranjestad
Superficie (km^2) : 180

Savais-tu qu'Aruba est connue pour son arbre emblématique, le Divi-Divi, qui est constamment incliné dans la même direction à cause des forts vents d'alizée soufflant sur l'île?

AUSTRALIE

Océanie
population: 26 596 701
capitale: Canberra
Superficie (km^2) : 7 682 300

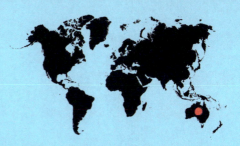

Savais-tu qu'en Australie se trouve le plus grand organisme vivant au monde, la Grande Barrière de Corail, qui est si grande qu'elle est visible depuis l'espace?

AUTRICHE

Europe de l'Ouest
population : 8 970 006
capitale: Vienne
Superficie (km^2) : 82 409

Savais-tu qu'en Autriche, la bibliothèque de l'abbaye d'Admont est l'une des plus grandes bibliothèques au monde, avec une collection impressionnante de plus de 200 000 livres dans un cadre somptueux ?

AZERBAÏDJAN

Asie occidentale
population: 10 443 143
capitale: Bakou
Superficie (km^2) : 82 658

Savais-tu qu'en Azerbaïdjan, tu peux trouver des flammes qui jaillissent naturellement du sol, comme à Yanar Dag, une montagne de feu où le gaz naturel s'embrase au contact de l'air, créant un spectacle fascinant ?

BAHAMAS

Caraïbes
population: 412 628
capitale: Nassau
Superficie (km^2) : 13 943

Savais-tu qu'aux Bahamas, il existe une plage unique, Pig Beach, où tu peux nager avec des cochons nageurs, une attraction surprenante et amusante pour les visiteurs ? Même Instagram n'est pas prêt pour ça.

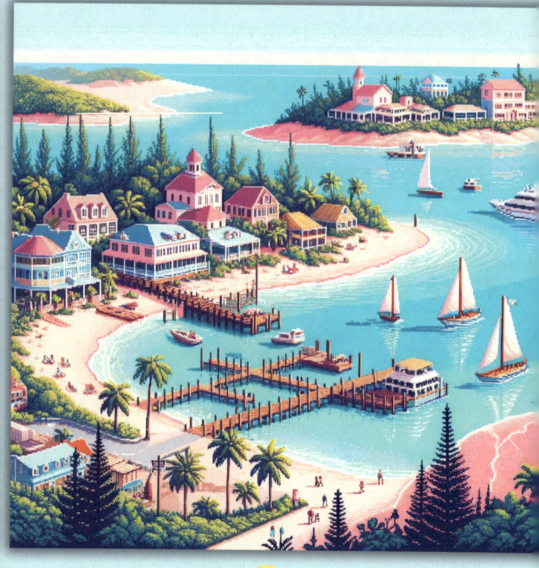

BAHREÏN

Moyen-Orient
population: 1 463 265
capitale: Manama
Superficie (km^2) : 786,5

Savais-tu qu'à Bahreïn se trouve l'Arbre de Vie, un arbre isolé dans le désert qui continue de survivre malgré des conditions extrêmes et sans source d'eau visible, ce qui en fait un mystère pour les scientifiques et une attraction pour les visiteurs ?

BANGLADESH

Asie du sud
population: 169 828 911
capitale: Dhaka
Superficie (km^2) : 148 460

Savais-tu qu'au Bangladesh, les Sundarbans forment la plus grande mangrove du monde, abritant des espèces uniques comme le tigre du Bengale et offrant un écosystème riche et diversifié ?

BARBADE

Caraïbes
population: 281 998
capitale: Bridgetown
Superficie (km^2) : 439

Savais-tu qu'à la Barbade, tu peux visiter la plus vieille distillerie de rhum au monde, la Mount Gay Distillery, qui produit du rhum depuis 1703 et offre des visites pour découvrir les secrets de sa fabrication ?

BELGIQUE

Europe de l'Ouest
population: 11 697 557
capitale: Bruxelles
Superficie (km^2) : 30 689

Savais-tu qu'en Belgique, il existe un musée entièrement dédié aux frites, le Frietmuseum à Bruges, célébrant l'histoire et l'art de faire des frites, un plat emblématique du pays ?

BÉLIZE

Amérique centrale
population: 441 471
capitale: Belmopan
Superficie (km^2) : 22 966

Savais-tu qu'au Belize, tu peux trouver le Grand Trou Bleu, un immense gouffre sous-marin de forme circulaire, célèbre parmi les plongeurs du monde entier pour sa beauté et ses eaux profondes et mystérieuses ?

BÉNIN

Afrique de l'Ouest
population: 13 754 688
capitale: Porto-Novo
Superficie (km²) : 114 763

Savais-tu qu'au Bénin se trouve Ganvié, souvent appelée la Venise de l'Afrique, une ville lacustre entièrement construite sur des pilotis au milieu du lac Nokoué ?

BERMUDES
ROYAUME-UNI

Amérique du Nord
population: 63 913
capitale: Hamilton
Superficie (km^2) : 53.2

Savais-tu qu'aux Bermudes, il y a un phénomène unique appelé le sable rose, dû à des fragments minuscules d'organismes coralliens et de coquillages mélangés au sable, créant des plages d'une beauté exceptionnelle ?

BHOUTAN

Asie du sud
population : 777 486
capitale : Thimphu
Superficie (km^2) : 38 394

Savais-tu qu'au Bhoutan, le bonheur national brut est plus important que le produit intérieur brut, ce qui fait de ce pays l'un des seuls au monde à mesurer officiellement le bonheur de ses citoyens comme indicateur de progrès national ?

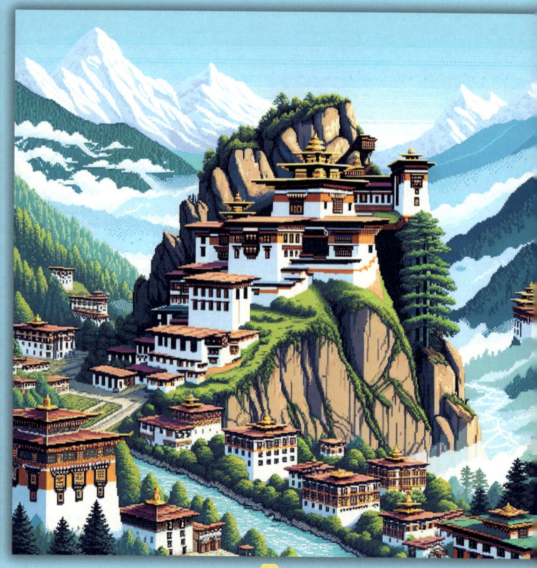

BIÉLORUSSIE

L'Europe de l'Est
population : 9 255 524
capitale : Minsk
Superficie (km^2) : 207 595

Savais-tu qu'en Biélorussie se trouve la forêt de Białowieża, l'une des dernières et des plus grandes forêts primaires d'Europe, abritant des bisons européens, une espèce rare et protégée ?

BOLIVIE

Amérique du Sud
population: 12 186 079
capitale: La Paz
Superficie (km^2) : 1 098 581

Savais-tu qu'en Bolivie se trouve le Salar d'Uyuni, le plus grand désert de sel au monde, qui se transforme en un immense miroir géant pendant la saison des pluies, reflétant le ciel de manière spectaculaire ?

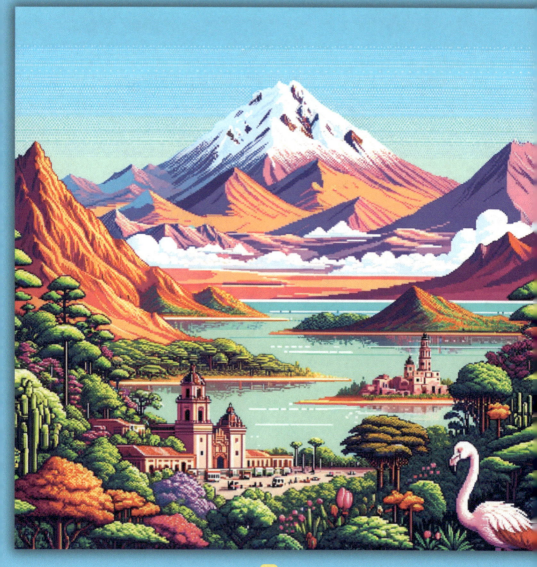

BONAIRE
PAYS-BAS

Caraïbes
population: 24 090
capitale: Kralendijk
Superficie (km^2) : 288

Savais-tu qu'à Bonaire, une île des Caraïbes, tu peux voir des flamants roses en grand nombre dans leur habitat naturel, notamment au sanctuaire des flamants de Pekelmeer, l'un des rares endroits au monde où ces oiseaux peuvent nicher en toute sécurité ?

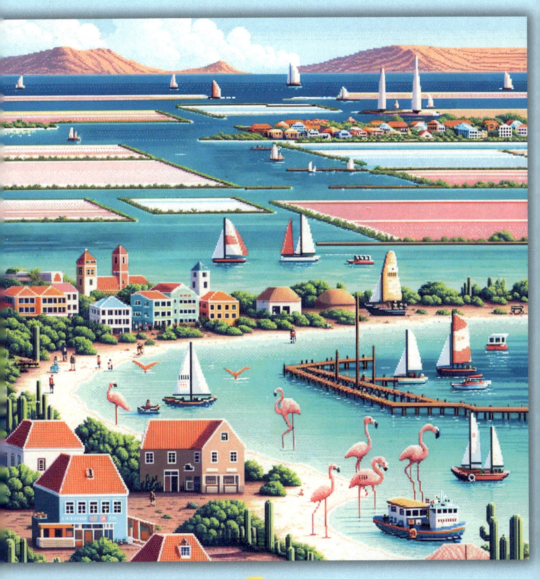

BOSNIE HERZÉGOVINE

Europe de l'Est
population: 3 475 000
capitale: Sarajevo
Superficie (km^2) : 51 229

Savais-tu qu'en Bosnie-Herzégovine se trouve le Vieux Pont de Mostar, un pont historique magnifiquement reconstruit qui est un symbole de réconciliation et de coexistence entre diverses cultures et religions après les conflits des années 1990 ?

BOTSWANA

Afrique australe
population : 2 675 352
capitale: Goborone
Superficie (km^2) : 581 730

Savais-tu qu'au Botswana, tu peux découvrir le delta de l'Okavango, un des plus grands deltas intérieurs du monde, unique car il ne se déverse pas dans la mer mais s'étend dans le désert du Kalahari, créant un écosystème riche et varié ?

BRÉSIL

Amérique du Sud
population: 203 062 512
capitale: Brasilia
Superficie (km^2) : 8 515 767

Savais-tu qu'au Brésil, le stade de football Maracanã à Rio de Janeiro était l'un des plus grands stades du monde, ayant accueilli plus de 200 000 spectateurs lors de la finale de la Coupe du Monde de 1950, un record dans l'histoire du football ?

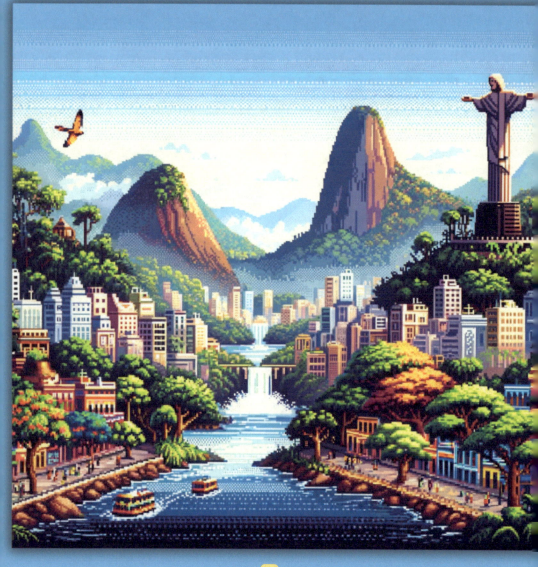

BRUNÉI

Asie du sud est
population: 460 345
capitale: Bandar Seri Begawan
Superficie (km^2) : 5 765

Savais-tu qu'à Brunei, la mosquée Sultan Omar Ali Saifuddien, l'une des plus belles mosquées d'Asie, est partiellement construite sur l'eau, créant un effet miroir spectaculaire sur le lac artificiel qui l'entoure ?

BULGARIE

Europe de l'Est
population: 6 447 710
capitale: Sofia
Superficie (km^2) : 110 993,6

Savais-tu qu'en Bulgarie, tu peux trouver la Rose de Damas, dont les vallées sont célèbres pour la production de l'huile de rose, un ingrédient précieux utilisé dans les parfums et les cosmétiques du monde entier, et le pays célèbre même un Festival de la Rose chaque année ?

BURKINA FASO

Afrique de l'Ouest
population: 22 489 126
capitale: Ouagadougou
Superficie (km^2) : 274 223

Savais-tu qu'au Burkina Faso se trouve la maison de la culture de Bobo-Dioulasso, connue pour sa construction unique en forme de bobo, un instrument de musique traditionnel, reflétant l'importance de la musique et de la culture dans la vie quotidienne du pays ?

BURUNDI

Afrique de l'Est
population: 13 162 952
capitale: Gitega
Superficie (km^2) : 27 834

Savais-tu qu'au Burundi, la danse traditionnelle des tambours, appelée "Abatimbo", jouée lors de cérémonies importantes, est si célèbre qu'elle est considérée comme une partie essentielle du patrimoine culturel du pays et a été inscrite sur la liste du patrimoine culturel immatériel de l'UNESCO ?

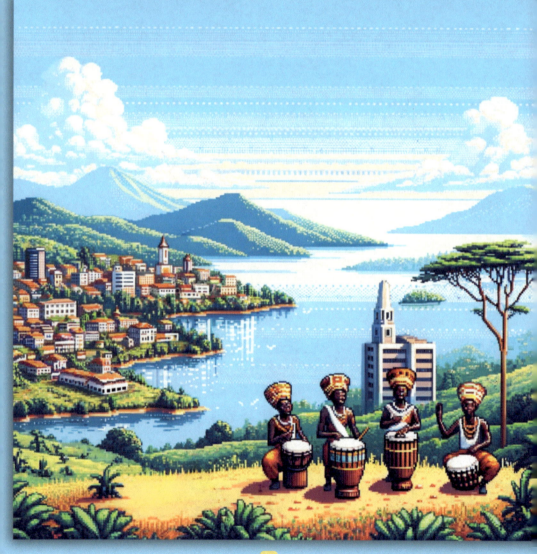

ÎLES CAÏMANS
ROYAUME-UNI

Caraïbes
population : 81 546
capitale : George Town
Superficie (km^2) : 259

Savais-tu qu'aux Îles Caïmans, tu peux te promener dans un site unique appelé Stingray City, où tu peux nager et interagir avec des raies pastenagues dans leur habitat naturel, une expérience incroyablement proche de ces créatures fascinantes ?

CAMBODGE

Asie du sud est
population: 16 713 015
capitale: Phnom Penh
Superficie (km²) : 181 035

Savais-tu qu'au Cambodge se trouve Angkor Wat, le plus grand complexe de temples religieux au monde, construit au 12ème siècle, et qu'il est représenté sur le drapeau national, faisant de lui le seul monument national à apparaître sur un drapeau d'un pays ?

CAMEROUN

Afrique centrale
population : 30 135 732
capitale : Yaoundé
Superficie (km^2) : 475 442

Savais-tu qu'au Cameroun, tu peux visiter le lac Nyos, un lac de cratère connu pour son éruption limnique en 1986, un phénomène rare et tragique où du dioxyde de carbone s'est soudainement échappé du lac, causant une catastrophe naturelle unique dans son genre ?

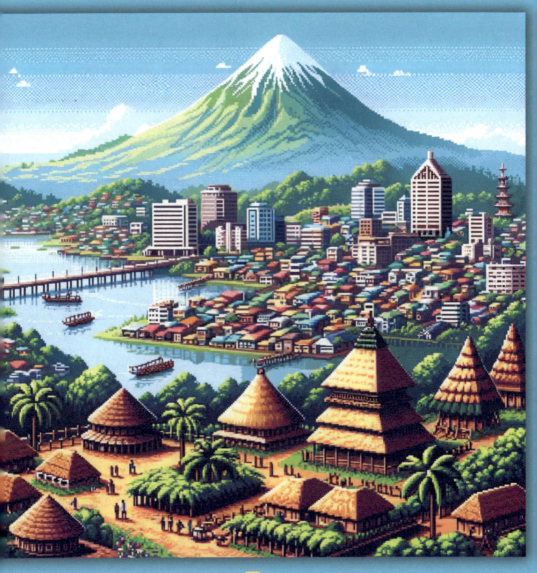

CANADA

Amérique du Nord
population: 40 528 396
capitale: Ottawa
Superficie (km^2) : 9 984 670

Savais-tu qu'au Canada se trouve le lac qui compte le plus grand nombre d'îles dans le monde, le lac des Bois, qui contient plus de 14 500 îles et offre une incroyable diversité de paysages et d'activités de plein air ?

ÎLES CANARIES
ESPAGNE

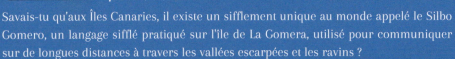

Afrique atlantique
population : 2 172 944
capitales : Santa Cruz • Las Palmas
Superficie (km^2) : 7 493

Savais-tu qu'aux Îles Canaries, il existe un sifflement unique au monde appelé le Silbo Gomero, un langage sifflé pratiqué sur l'île de La Gomera, utilisé pour communiquer sur de longues distances à travers les vallées escarpées et les ravins ?

CAP-VERT

Afrique
population: 561 901
capitale: Praia
Superficie (km^2) : 4 033

Savais-tu qu'au Cap-Vert, l'île de Fogo est célèbre pour son volcan actif, le Pico do Fogo, qui offre des paysages lunaires uniques et est l'un des seuls endroits au monde où tu peux marcher sur les bords d'un cratère actif ?

CHILI

Amérique du Sud
population : 19 629 588
capitale: Santiago
Superficie (km²) : 756 101,96

Savais-tu qu'au Chili se trouve le désert d'Atacama, l'un des endroits les plus secs de la planète, où certaines parties n'ont jamais enregistré de pluie, et pourtant, ce désert est incroyablement beau avec ses paysages lunaires et ses ciels étoilés parfaits pour l'astronomie ?

CHINE

Asie de l'Est
population : 1 409 670 000
capitale : Pékin (Beijing)
Superficie (km^2) : 9 596 961

Savais-tu qu'en Chine, la Grande Muraille, longue de plus de 21 000 kilomètres, est le seul ouvrage humain visible depuis l'espace, et a été construite sur plusieurs siècles pour protéger le pays des invasions ?

CHYPRE

Moyen-Orient
population : 1 244 188
capitale: Nicosie
Superficie (km^2) : 9 251

Savais-tu qu'à Chypre, tu peux visiter la légendaire roche d'Aphrodite, où, selon la mythologie grecque, la déesse de l'amour et de la beauté serait née des vagues de la mer, faisant de cet endroit un site emblématique de l'île ?

COLOMBIE

Amérique du Sud
population : 52 085 170
capitale : Bogota
Superficie (km^2) : 1 141 748

Savais-tu qu'en Colombie se trouve la rivière Caño Cristales, surnommée la "rivière aux cinq couleurs" ou "le plus beau cours d'eau du monde", grâce à ses algues colorées qui transforment le cours d'eau en un arc-en-ciel aquatique éblouissant pendant une certaine période de l'année ?

COMORES

Afrique - Océan Indien
population: 850 886
capitale: Moroni
Superficie (km^2) : 2 235

Savais-tu qu'aux Comores, il existe une espèce de chauve-souris géante appelée la roussette des Comores, l'une des plus grandes chauves-souris du monde, qui joue un rôle important dans l'écosystème local en dispersant les graines des fruits qu'elle consomme ?

CONGO-BRAZZAVILLE

Afrique centrale
population : 5 677 493
capitale : Brazzaville
Superficie (km^2) : 342 000

Savais-tu qu'au Congo-Brazzaville, tu peux visiter le Parc National de Nouabalé-Ndoki, un des rares endroits au monde où tu peux observer les gorilles des plaines de l'Ouest dans leur habitat naturel, une expérience vraiment unique et inoubliable?

CORÉE DU NORD

Asie de l'Est
population: 25 981 000
capitale: Pyongyang
Superficie (km²) : 120 538

Savais-tu qu'en Corée du Nord, il y a un hôtel, l'Hôtel Ryugyong, souvent appelé le "Hôtel Fantôme", un gratte-ciel de 105 étages à Pyongyang qui a commencé à être construit dans les années 1980 mais qui est resté inachevé et vide pendant des décennies, devenant un symbole mystérieux dans le paysage urbain ?

CORÉE DU SUD

Asie de l'Est
population : 51 709 098
capitale: Seoul
Superficie (km²) : 100 363

Savais-tu qu'en Corée du Sud, il existe un festival unique appelé le Mud Festival à Boryeong, où les participants s'amusent dans la boue avec des glissades, des batailles de boue et des soins de la peau à base de boue minérale, une manière amusante et rafraîchissante de célébrer l'été tout en profitant des bienfaits de la boue naturelle ?

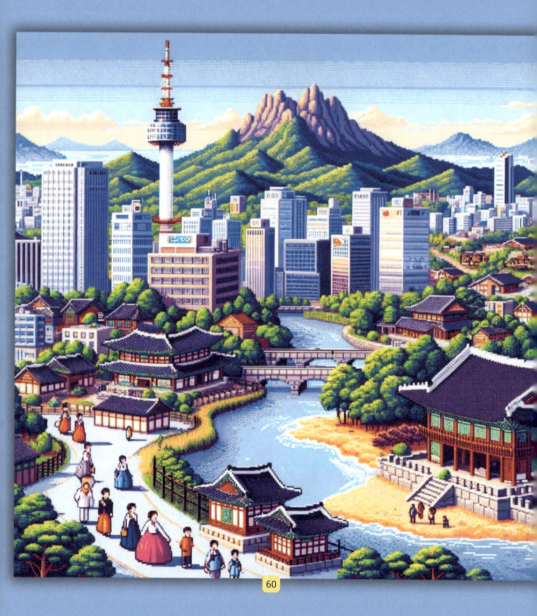

COSTA RICA

Amérique centrale
population : 5 044 197
capitale : San José
Superficie (km^2) : 51 100

Savais-tu qu'au Costa Rica, plus de 25% du pays est protégé sous forme de parcs nationaux et réserves naturelles, faisant de ce pays une destination de choix pour les amoureux de la nature et de la biodiversité, avec une incroyable variété d'animaux et de plantes ?

CÔTE D'IVOIRE

Afrique de l'Ouest
population : 29 344 847
capitales : Yamoussoukro - Abidjan
Superficie (km^2) : 322 463

Savais-tu qu'en Côte d'Ivoire se trouve la Basilique Notre-Dame de la Paix à Yamoussoukro, reconnue comme la plus grande église chrétienne du monde, dépassant même la taille de la Basilique Saint-Pierre de Rome en termes de surface intérieure ?

CROATIE

Europe - Balkans
population : 3 855 641
capitale: Zagreb
Superficie (km^2) : 56 594

Savais-tu qu'en Croatie, tu peux visiter le parc national des lacs de Plitvice, un site du patrimoine mondial de l'UNESCO, célèbre pour ses 16 lacs reliés par une série de cascades et entourés de forêts luxuriantes, offrant un spectacle naturel époustouflant ?

CUBA

Caraïbes
population: 10 985 974
capitale: La Havane
Superficie (km^2) : 110 860

Savais-tu qu'à Cuba, la ville de Trinidad, inscrite au patrimoine mondial de l'UNESCO, est l'une des villes coloniales les mieux préservées des Amériques, avec ses rues pavées, ses maisons colorées, ses voitures des années 1950 et son ambiance historique qui te transporte dans le passé ?

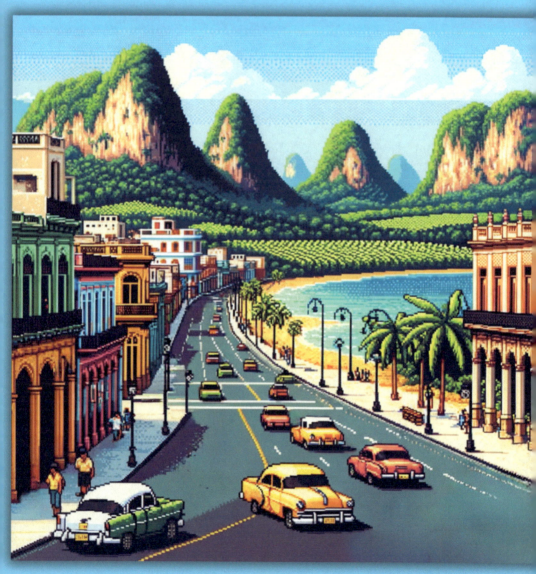

CURAÇAO
PAYS-BAS

Caraïbes
population : 148 925
capitale : Willemstad
Superficie (km^2) : 444

Savais-tu qu'à Curaçao, tu peux trouver le Pont de la Reine Emma, un pont flottant unique en son genre qui s'ouvre pour laisser passer les bateaux dans le port de Willemstad, une capitale colorée classée au patrimoine mondial de l'UNESCO ?

DANEMARK

Europe - Scandinavie
population: 5 935 619
capitale: Copenhague
Superficie (km²) : 43 094

Savais-tu qu'au Danemark se trouve le plus vieux parc d'attractions du monde, les Jardins de Tivoli à Copenhague, ouvert en 1843, et qui a inspiré Walt Disney pour créer Disneyland ?

DJIBOUTI

Afrique de l'Est
population: 976 143
capitale: Djibouti
Superficie (km^2) : 23 200

Savais-tu qu'à Djibouti, tu peux nager dans le Lac Assal, le point le plus bas d'Afrique et l'un des lacs les plus salés du monde, situé à 155 mètres sous le niveau de la mer dans un paysage désertique impressionnant ?

DOMINIQUE

Caraïbes
population : 72 412
capitale : Roseau
Superficie (km^2) : 750

Savais-tu qu'à la Dominique, tu peux trouver la seconde plus grande source d'eau chaude bouillante au monde, le Boiling Lake, un lac de cratère rempli d'eau surchauffée, entouré de vapeur et situé au cœur d'une forêt tropicale luxuriante ?

ÉCOSSE
ROYAUME-UNI

Europe de l'Ouest
population: 5 466 000
capitale: Édimbourg
Superficie (km²) : 77 933

Savais-tu qu'en Écosse, il existe un monstre légendaire appelé Nessie qui, selon la légende, habite le Loch Ness, un grand lac d'eau douce, et de nombreuses personnes viennent du monde entier pour essayer de l'apercevoir, faisant du lac un des sites touristiques les plus célèbres du pays?

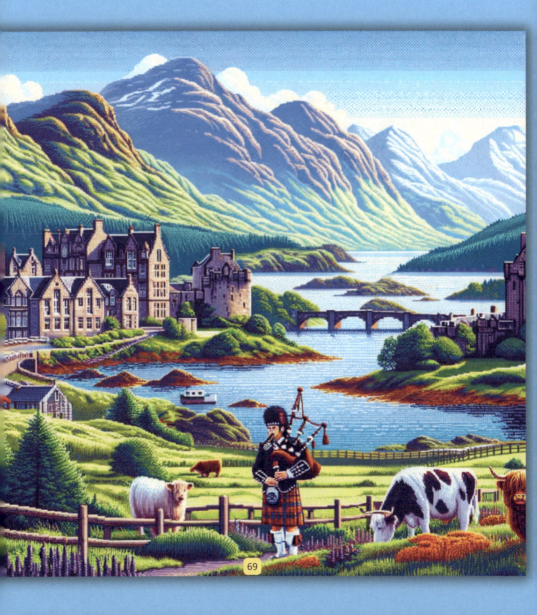

EGYPTE

Afrique du Nord
population: 110 000 000
capitale: Le Caire
Superficie (km^2) : 1 010 408

Savais-tu qu'en Égypte, les pyramides de Gizeh sont les seules merveilles du monde antique encore debout, et qu'elles étaient recouvertes de calcaire blanc poli, brillant au soleil, ce qui les rendait visibles de très loin dans l'Égypte ancienne ?

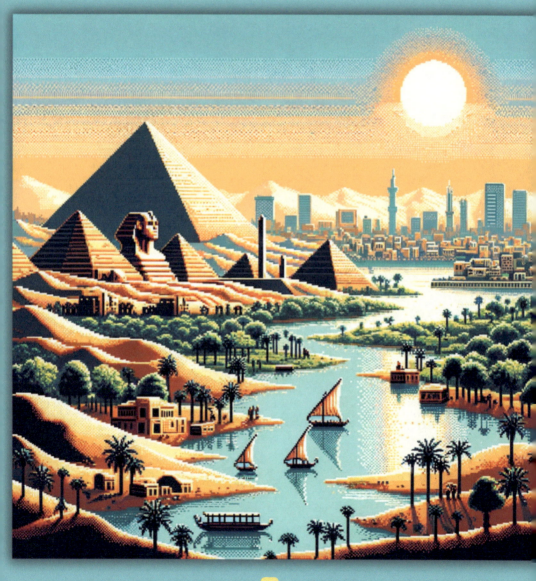

ABU DHABI
EMIRATS ARABES UNIS

Moyen-Orient
population : 9 800 000
capitale : Abu Dhabi
Superficie (km^2) : 83 600

Savais-tu qu'Abu Dhabi est la ville de la mosquée Cheikh Zayed, l'une des plus grandes mosquées du monde, pouvant accueillir plus de 40 000 fidèles et célèbre pour son architecture époustouflante qui inclut 82 dômes, plus de 1 000 colonnes, des lustres en or 24 carats et le plus grand tapis tissé à la main au monde ?

DUBAI
EMIRATS ARABES UNIS

Moyen-Orient
population : 9 800 000
capitale: Abu Dhabi
Superficie (km^2) : 83 600

Savais-tu que Dubaï abrite le Burj Khalifa, le plus haut bâtiment du monde, culminant à 828 mètres (plus de 2 fois la Tour Eiffel), offrant une vue spectaculaire sur la ville depuis son observatoire au 148ème étage, et symbolisant l'ambition et l'innovation architecturale de la ville ?

ÉQUATEUR

Amérique du Sud
population: 17 483 326
capitale: Quito
Superficie (km^2) : 283 561

Savais-tu qu'en Équateur, tu peux te tenir à la fois dans l'hémisphère nord et l'hémisphère sud grâce à la ligne équatoriale, marquée par le monument Mitad del Mundo, un lieu unique où tu peux littéralement marcher entre deux hémisphères ?

ÉRYTHRÉE

Afrique de l'Est
population: 6.700.000
capitale: Asmara
Superficie (km^2) : 117 600

Savais-tu qu'en Érythrée, la ville d'Asmara est connue pour son architecture Art déco exceptionnelle, un héritage de l'époque coloniale italienne, au point d'être inscrite au patrimoine mondial de l'UNESCO pour son urbanisme et son design unique ?

ESPAGNE

Europe du Sud
population : 47 351 567
capitale : Madrid
Superficie (km^2) : 505 992

Savais-tu qu'en Espagne, il y a un festival unique appelé "La Tomatina" qui se déroule à Buñol, où des milliers de personnes se rassemblent pour une bataille de tomates géante, transformant les rues en une mer rouge et joyeuse, célébrant une tradition qui remonte à 1945 ?

ESTONIE

L'Europe de l'Est
population : 1 373 101
capitale : Tallinn
Superficie (km²) : 45 339

Savais-tu qu'en Estonie, il existe un sport unique appelé le "kiiking", où les participants tentent de faire des rotations complètes autour d'une balançoire géante, un loisir inventé en Estonie et devenu une activité populaire et compétitive dans le pays ?

ESWATINI

Afrique du sud
population: 1 236 126
capitale: Mbabane
Superficie (km²) : 17 364

Savais-tu qu'en Eswatini, anciennement appelé Swaziland, se déroule chaque année l'Umhlanga ou la Danse des Roseaux, une cérémonie traditionnelle spectaculaire où des milliers de jeunes femmes dansent en l'honneur de la mère du roi et de la culture swazie ?

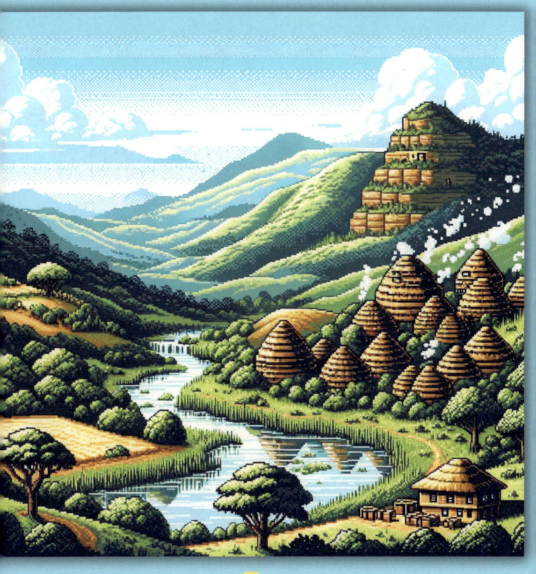

ÉTATS-UNIS

Amérique du Nord
population : 331 000 000
capitale : Washington DC
Superficie (km²) : 9 833 520

Savais-tu que les États-Unis abritent le parc national de Yellowstone, le premier parc national au monde, créé en 1872, et célèbre pour ses geysers spectaculaires, dont le Old Faithful (qui entre en éruption toutes les heures depuis des dizaines d'années), ainsi que pour sa faune sauvage variée incluant des bisons, des loups et des ours ?

ETHIOPIE

Afrique de l'Est
population: 127 955 823
capitale: Addis-Abeba
Superficie (km²) : 1 112 000

Savais-tu qu'en Éthiopie se trouve la ville de Lalibela, célèbre pour ses églises monolithiques taillées dans la roche au 12ème siècle, considérées comme une merveille de l'ingénierie et un lieu de pèlerinage important pour les chrétiens orthodoxes éthiopiens ?

FIDJI

Océanie
population : 926 276
capitale : Suva
Superficie (km^2) : 18 274

Savais-tu qu'aux Fidji, tu peux trouver l'unique plage de sable rose du pays sur l'île de Taveuni, connue pour son sable coloré dû à une combinaison unique de corail rouge et blanc, créant une expérience visuelle magnifique et rare ?

FINLANDE

Europe - Scandinavie
population: 5 604 558
capitale: Helsinki
Superficie (km^2) : 338 145

Savais-tu qu'en Finlande, il y a plus de saunas que de voitures, avec environ un sauna pour trois personnes, faisant du sauna une partie intégrale de la culture finlandaise, utilisé pour la relaxation, les rencontres sociales et même les réunions d'affaires ?

FRANCE

Europe de l'Ouest
population: 68 373 433
capitale: Paris
Superficie (km^2) : 551 695

Savais-tu qu'en France, il existe un concours annuel appelé le Championnat de France d'Orthographe, où les participants de tous âges s'affrontent pour démontrer leur maîtrise de la langue française, un événement qui célèbre l'amour du pays pour sa langue et sa littérature ?

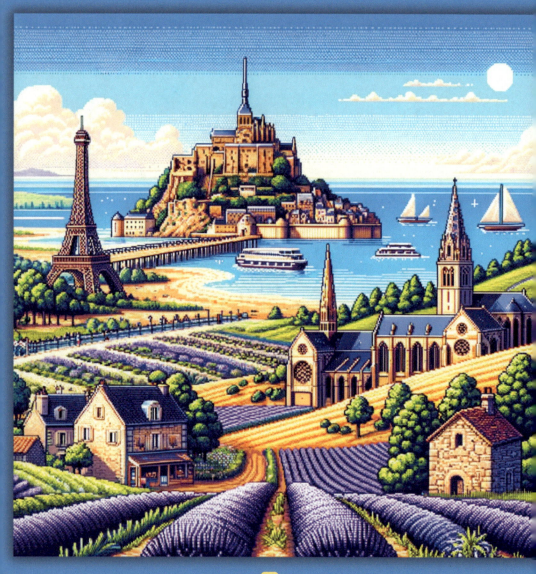

GABON

Afrique centrale
population: 2 397 368
capitale: Libreville
Superficie (km^2) : 267 668

Savais-tu qu'au Gabon, se trouve la réserve de faune de Lopé, un site du patrimoine mondial de l'UNESCO combinant forêt équatoriale et savane, offrant un habitat unique pour une incroyable diversité d'animaux, dont des gorilles et des éléphants de forêt ?

GAMBIE

Afrique de l'Ouest
population : 2 468 569
capitale : Banjul
Superficie (km^2) : 11 300

Savais-tu qu'en Gambie, le fleuve Gambie joue un rôle central dans la vie du pays et est célèbre pour son parc national du fleuve Gambie, où tu peux observer une riche faune, notamment des hippopotames, des singes et une variété d'oiseaux exotiques ?

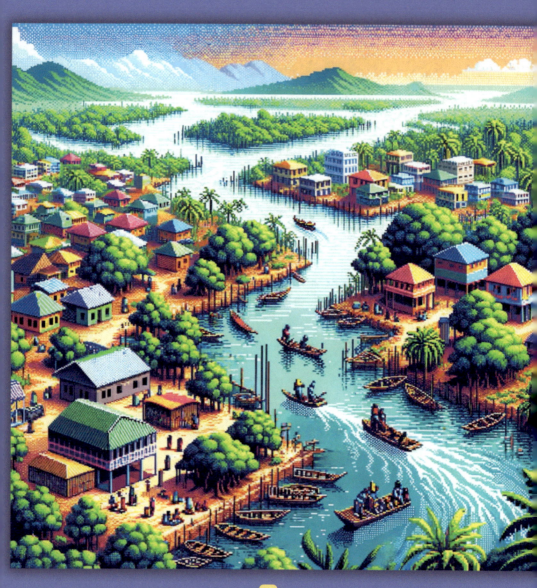

GÉORGIE

Asie occidentale - Caucase
population : 3 688 647
capitale : Tbilissi
Superficie (km^2) : 69 700

Savais-tu qu'en Géorgie, le vin est fabriqué selon une méthode ancienne unique utilisant des qvevris, de grandes jarres en terre cuite enterrées, une tradition viticole vieille de plus de 8000 ans, faisant de la Géorgie l'un des plus anciens pays producteurs de vin au monde ?

GHANA

Afrique de l'Ouest
population : 34 237 620
capitale: Accra
Superficie (km^2) : 239 567

Savais-tu qu'au Ghana, le parc national de Kakum abrite une passerelle de canopée suspendue, unique en Afrique, offrant une vue imprenable sur la forêt tropicale et une occasion rare d'observer la faune et la flore depuis les hauteurs des arbres ?

GIBRALTAR
ROYAUME-UNI

Europe du Sud
population: 32 688
Superficie (km²) : 6.8

Savais-tu qu'à Gibraltar, tu peux rencontrer des singes de Barbarie, les seuls singes sauvages d'Europe, qui vivent librement sur le Rocher de Gibraltar, un territoire britannique situé à l'extrémité sud de la péninsule ibérique ?

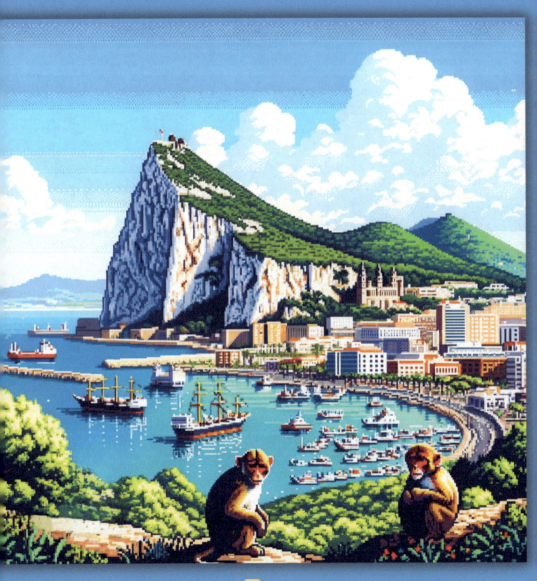

GRÈCE

Europe du Sud
population : 10 413 982
capitale : Athènes
Superficie (km^2) : 131 957

Savais-tu qu'en Grèce, sur l'île de Crète, se trouve le labyrinthe où, selon la mythologie grecque, le Minotaure était enfermé, et que cette légende est liée au palais de Cnossos, un site archéologique fascinant et riche en histoires anciennes ?

GRENADE

Caraïbes
population: 124 610
capitale: Saint-Georges
Superficie (km²) : 348,5

Savais-tu qu'à Grenade, il y a un lac sous-marin, le Lac Antoine, situé dans un cratère volcanique, qui est l'un des rares exemples au monde de lac d'eau douce dans un cratère, offrant un paysage naturel spectaculaire et unique ?

GROENLAND
DANEMARK

Extrème nord
population: 56 583
capitale: Nuuk
Superficie (km^2) : 2 166 086

Savais-tu qu'au Groenland, la nuit polaire, un phénomène naturel, plonge certaines parties du pays dans l'obscurité totale 24 heures sur 24 pendant l'hiver, tandis que le soleil de minuit en été permet de voir le soleil même à minuit, créant des expériences de jour et de nuit uniques ?

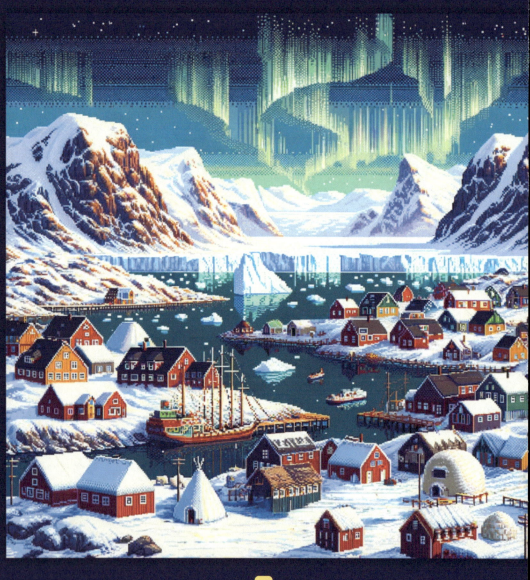

GUADELOUPE
FRANCE

Caraïbes
population: 378 561
capitale: Pointe-à-Pitre
Superficie (km^2) : 1 628

Savais-tu qu'en Guadeloupe, tu peux trouver le Parc National de la Guadeloupe qui abrite la Soufrière, un volcan encore actif surnommé la vieille dame, et en randonnant sur ses pentes, tu peux voir des fumerolles et sentir le soufre, comme si tu étais sur une autre planète ?

GUAM
ÉTATS-UNIS

Océanie
population: 168 801
capitale: Hagåtña
Superficie (km²) : 540

Savais-tu qu'à Guam, il y a un arbre appelé le Flamboyant, qui fleurit en été avec des fleurs rouge vif qui ressemblent à un feu d'artifice naturel, rendant l'île encore plus colorée et magique pour les visiteurs ?

GUATEMALA

Amérique centrale
population: 17 980 803
capitale: Guatemala
Superficie (km^2) : 108 889

Savais-tu qu'au Guatemala, il y a une ville appelée Antigua, entourée de volcans, où tu peux voir des maisons colorées et des rues pavées, et même si c'est une vieille ville, elle est pleine de couleurs vives et de marchés animés, comme un arc-en-ciel sur terre ?

GUERNESEY
ROYAUME-UNI

Europe de l'Ouest
population: 63 950
capitale: Saint Peter Port
Superficie (km^2) : 62

Savais-tu qu'à Guernesey, une des îles Anglo-Normandes, il existe une race de vaches unique, la vache de Guernesey, réputée pour son lait riche en bêta-carotène, ce qui lui donne une couleur légèrement dorée et un goût distinctif apprécié partout dans le monde ?

GUINÉE

Afrique de l'Ouest
population: 14 190 612
capitale: Conakry
Superficie (km^2) : 245 857

Savais-tu qu'en Guinée, il y a la chute d'eau de Kambadaga, une série de cascades impressionnantes dans les montagnes de Fouta Djallon, un endroit parfait pour l'aventure et la découverte, où l'eau tombe sur plusieurs niveaux créant un spectacle naturel magnifique ?

GUINÉE-BISSAU

Afrique de l'Ouest
population : 2 078 820
capitale : Bissau
Superficie (km^2) : 36 125

Savais-tu qu'en Guinée-Bissau, il existe un archipel unique appelé les îles Bijagos, composé de plus de 80 îles et îlots, la plupart non habités, avec une biodiversité exceptionnelle et des traditions culturelles distinctes, dont certaines îles sont considérées comme sacrées par les populations locales ?

GUINÉE ÉQUATORIALE

Afrique centrale
population : 1 679 172
capitale : Malabo
Superficie (km^2) : 28 050

Savais-tu qu'en Guinée Équatoriale, tu peux visiter la ville de Malabo, située sur l'île de Bioko, qui possède une architecture coloniale espagnole unique, reflétant son passé en tant que partie de l'empire colonial espagnol en Afrique ?

GUYANA

Amérique du Sud
population: 795 408
capitale: Georgetown
Superficie (km^2) : 215 000

Savais-tu qu'au Guyana, tu peux voir les chutes de Kaieteur, l'une des plus puissantes chutes d'eau du monde, cinq fois plus haute que les chutes du Niagara, offrant un spectacle naturel extraordinaire au cœur de la forêt amazonienne ?

GUYANE FRANÇAISE
FRANCE

Amérique du Sud
population: 295 385
capitale: Cayenne
Superficie (km^2) : 84 000

Savais-tu qu'en Guyane Française, tu peux visiter l'Île du Diable, partie de l'archipel des Îles du Salut, célèbre pour avoir été l'un des plus durs bagnes français jusqu'à sa fermeture en 1953 et rendue célèbre par le livre "Papillon" d'Henri Charrière ?

HAÏTI

Caraïbes
population: 11 470 261
capitale: Port-au-Prince
Superficie (km^2) : 27 750

Savais-tu qu'en Haïti, il existe un fort historique appelé la Citadelle Laferrière, construit après l'indépendance pour protéger l'île contre les invasions, et aujourd'hui c'est l'une des plus grandes forteresses des Amériques, offrant une vue incroyable sur les alentours ?

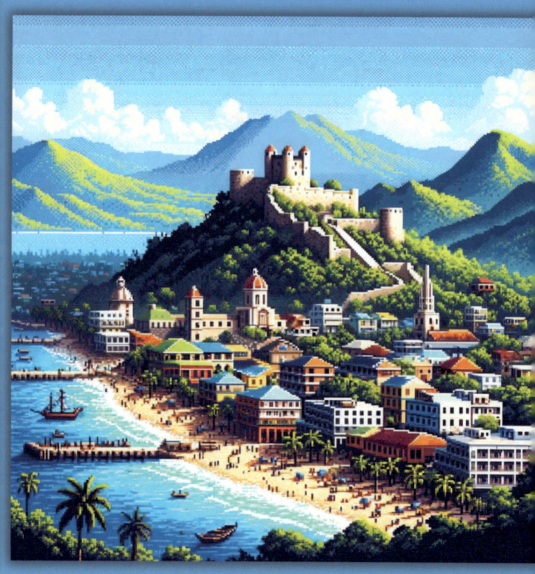

HONDURAS

Amérique centrale
population: 9 571 352
capitale: Tegucigalpa
Superficie (km^2) : 112 492

Savais-tu qu'au Honduras, il y a la Cité perdue de Copán, un site archéologique maya important avec des stèles gravées, des pyramides et des terrains de jeu de balle, où tu peux en apprendre beaucoup sur cette ancienne civilisation et voir des ruines incroyables ?

HONG KONG
CHINE

Asie de l'Est
population : 7 498 100
capitale : Victoria
Superficie (km^2) : 2 754,97

Savais-tu qu'à Hong Kong, tu peux visiter le plus grand Bouddha assis en bronze à l'extérieur dans le monde, le Grand Bouddha de Lantau, qui mesure plus de 34 mètres de haut et offre une vue spectaculaire sur les montagnes et la mer depuis son emplacement en haut d'une colline ?

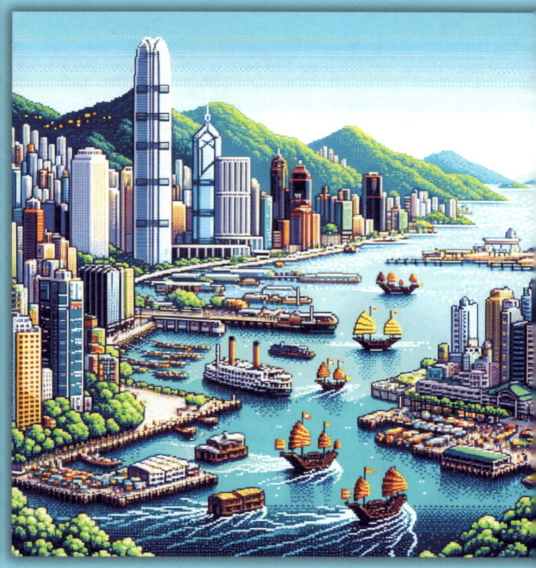

HONGRIE

L'Europe de l'Est
population: 9 597 085
capitale: Budapest
Superficie (km^2) : 93 030

Savais-tu qu'en Hongrie, tu peux te baigner dans le plus grand lac thermal naturel du monde, le lac Hévíz, dont les eaux chaudes et riches en minéraux sont réputées pour leurs propriétés curatives et relaxantes, une expérience unique pour se détendre et profiter de la nature ?

ÎLE DE MAN
ROYAUME-UNI

Europe de l'Ouest
population: 84 069
capitale: Douglas
Superficie (km^2) : 574

Savais-tu qu'à l'Île de Man, un festival unique appelé le TT (Tourist Trophy) a lieu chaque année, une course de motos sur route considérée comme l'une des plus dangereuses au monde, attirant des coureurs et des spectateurs de partout pour vivre cette tradition excitante et pleine d'adrénaline ?

ÎLES COOK

Océanie - Pacifique Sud
population: 15 040
capitale: Avarua
Superficie (km^2) : 236.7

Savais-tu qu'aux Îles Cook, notamment sur l'île d'Aitutaki, il existe l'un des plus beaux lagons du monde, offrant des eaux cristallines et une vie marine riche, idéal pour la plongée et la découverte des récifs coralliens ?

ÎLES FALKLAND
ROYAUME-UNI

Amérique du Sud - Atlantique Sud
population : 3 662
capitale: Stanley
Superficie (km²) : 12 173

Savais-tu qu'aux Îles Falkland, il y a une population de plus de cinq fois plus de moutons que d'habitants humains, ce qui fait de ces îles un endroit fascinant pour observer la vie rurale et une nature préservée avec des paysages spectaculaires ?

ÎLES FÉROÉ
DANEMARK

Europe du Nord
population : 54 557
capitale : Tórshavn
Superficie (km^2) : 1 393

Savais-tu qu'aux Îles Féroé, tu peux trouver le lac Sørvágsvatn, également connu comme le lac au-dessus de l'océan, un phénomène naturel unique où le lac semble être perché en hauteur au-dessus de la mer, créant une illusion d'optique étonnante ?

ILES MARSHALL

Océanie
population : 42 418
capitale : Delap-Uliga-Darrit
Superficie (km^2) : 181.43

Savais-tu qu'aux Îles Marshall, tu peux plonger dans le lagon de Bikini Atoll, un site d'essais nucléaires historiques, qui est aujourd'hui un lieu de plongée sous-marine renommé avec des épaves de navires et d'avions de la Seconde Guerre mondiale, et qu'il s'agit aussi du lieu d'invention du maillot de bain ?

ÎLES VIERGES AMÉRICAINES
ÉTATS-UNIS

Caraïbes
population: 104 000
capitale: Charlotte Amalie
Superficie (km^2) : 346

Savais-tu que les Îles Vierges américaines ont été achetées par les États-Unis au Danemark en 1917 pour 25 millions de dollars en or, une transaction qui visait à améliorer la position militaire des États-Unis dans les Caraïbes et à protéger le futur Canal de Panama ?

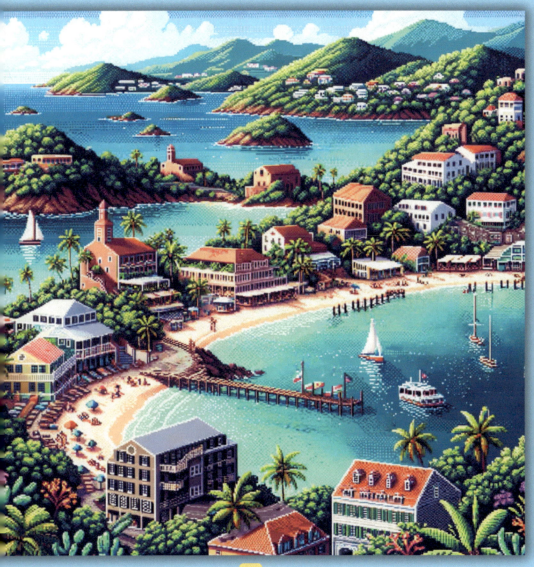

ÎLES VIERGES BRITANNIQUES
ROYAUME-UNI

Caraïbes
population: 30 030
capitale: Road Town
Superficie (km^2) : 153

Savais-tu qu'aux Îles Vierges britanniques, il existe une tradition de navigation appelée "La Régate des Îles Vierges", un événement annuel très populaire qui attire des marins du monde entier pour une série de courses dans les eaux cristallines des Caraïbes ?

INDE

Asie du sud
population: 1 428 627 663
capitale: New Delhi
Superficie (km^2) : 3 287 263

Savais-tu qu'en Inde, il existe une fête appelée Holi, aussi connue sous le nom de fête des couleurs, où les gens se jettent des poudres colorées les uns sur les autres pour célébrer le début du printemps, créant une explosion de couleurs joyeuses dans tout le pays ?

INDONÉSIE

Asie du sud est
population: 279 118 866
capitale: Jakarta
Superficie (km^2) : 1 904 569

Savais-tu qu'en Indonésie, il y a un dragon qui existe vraiment, le varan de Komodo, le plus grand lézard du monde vivant sur les îles de Komodo, et ces créatures impressionnantes peuvent mesurer jusqu'à 3 mètres de long et sont un exemple fascinant de la faune unique de l'archipel ?

IRAK

Moyen-Orient
population: 43 324 000
capitale: Bagdad
Superficie (km²) : 438 317

Savais-tu qu'en Irak, tu peux trouver les ruines de Babylone, l'une des plus anciennes villes du monde, mythique pour ses jardins suspendus, une des Sept Merveilles du Monde Antique, et pour sa grande porte d'Ishtar, ornée de dragons et de taureaux en céramique bleue ?

IRAN

Moyen-Orient
population: 87 590 873
capitale: Téhéran
Superficie (km²) : 1 648 195

Savais-tu qu'en Iran, tu peux visiter les ruines de Persépolis, une ancienne ville construite par Darius le Grand il y a plus de 2500 ans, qui était autrefois un des plus grands centres du pouvoir de l'Empire perse et qui impressionne aujourd'hui encore par sa grandeur et ses sculptures détaillées ?

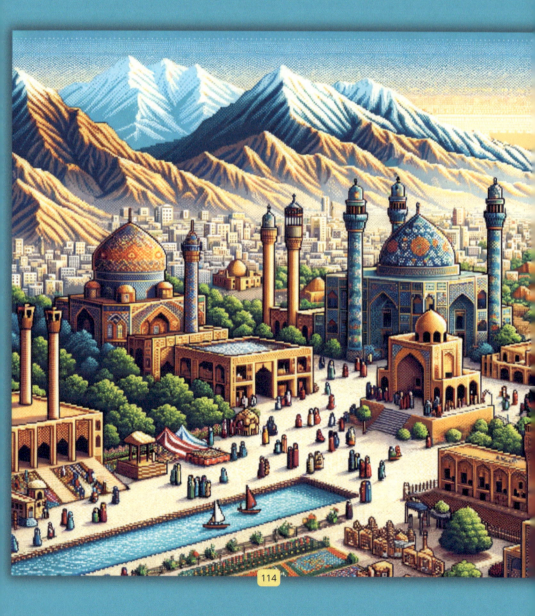

IRLANDE

Europe de l'Ouest
population: 5 281 600
capitale: Dublin
Superficie (km^2) : 70 273

Savais-tu qu'en Irlande, il existe un rocher appelé le Rocher de Cashel, aussi connu sous le nom de Rocher des Rois, un site historique impressionnant sur une colline avec des ruines anciennes, des tours et des croix celtiques, où selon la légende, Saint Patrick a converti le roi de Munster au christianisme ?

IRLANDE DU NORD
ROYAUME-UNI

Europe de l'Ouest
population : 1 904 563
capitale : Belfast
Superficie (km^2) : 14 330

Savais-tu qu'en Irlande du Nord, tu peux visiter la Chaussée des Géants, un site naturel étonnant composé de plus de 40 000 colonnes de basalte hexagonales formées par une éruption volcanique il y a environ 60 millions d'années, un lieu mythique qui, selon la légende, a été construit par un géant?

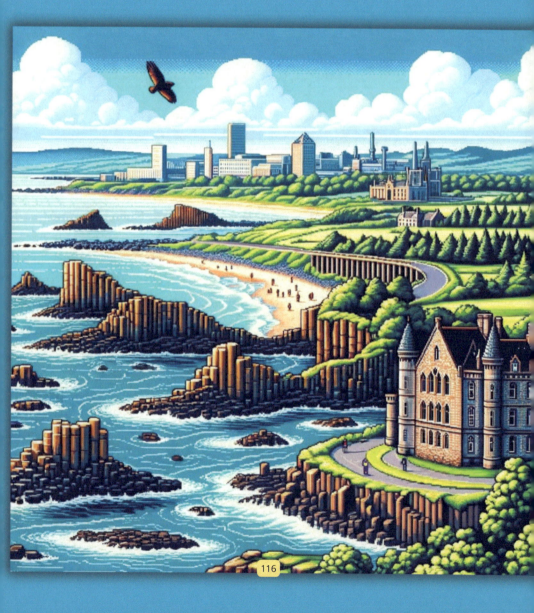

ISLANDE

Europe du Nord
population : 399 189
capitale : Reykjavik
Superficie (km^2) : 103 125

Savais-tu qu'en Islande, il existe un phénomène naturel spectaculaire appelé les aurores boréales, des lumières colorées qui dansent dans le ciel nocturne, surtout visible en hiver, et l'Islande est l'un des meilleurs endroits au monde pour observer ce spectacle magique ?

ISRAËL

Moyen-Orient
population: 9 849 920
capitale: Jérusalem
Superficie (km²) : 21 937

Savais-tu qu'en Israël, il y a un lac salé appelé la mer Morte, le point le plus bas sur terre, situé à environ 430 mètres sous le niveau de la mer, et ses eaux sont tellement salées que tu peux flotter facilement, une expérience unique et relaxante très appréciée des visiteurs ?

ITALIE

Europe du Sud
population: 58 853 482
capitale: Rome
Superficie (km^2) : 301 340

Savais-tu qu'en Italie, à Naples, existe une tradition culinaire unique où les gens suspendent un panier de leur fenêtre avec de l'argent pour acheter de la pizza, et le pizzaiolo du bas y dépose une pizza fraîche, une manière amusante et originale de se faire livrer sa pizza directement à sa fenêtre ?

JAMAÏQUE

Caraïbes
population : 2 734 092
capitale : Kingston
Superficie (km^2) : 10 991

Savais-tu que la Jamaïque est le berceau de la musique reggae, musique aux origines religieuses, popularisée dans le monde entier par son icône Bob Marley, et que l'île célèbre chaque année le Reggae Month en février, un festival dédié à ce genre musical influent, reflétant la riche culture et l'histoire du pays ?

JAPON

Asie de l'Est
population: 125 416 877
capitale: Tokyo
Superficie (km^2) : 377 975

Savais-tu qu'au Japon, il existe une tradition appelée Hanami, où les gens se rassemblent sous les cerisiers en fleurs pour admirer leur beauté éphémère, un moment très important dans la culture japonaise symbolisant la nature transitoire de la vie et la célébration du printemps ?

JERSEY
ROYAUME-UNI

Europe de l'Ouest
population: 103 267
capitale: Saint-Helier
Superficie (km^2) : 119,6

Savais-tu qu'à Jersey, une des îles Anglo-Normandes, il y a une marée qui peut reculer jusqu'à 12 kilomètres, créant l'une des plus grandes variations de marée au monde, et offrant une opportunité unique d'explorer le sol marin à pied lorsqu'il est à découvert ?

JORDANIE

Moyen-Orient
population: 11 484 805
capitale: Amman
Superficie (km^2) : 89 342

Savais-tu qu'en Jordanie, tu peux trouver la ville ancienne de Pétra, connue comme la "ville rose" à cause de la couleur de ses roches, un site archéologique spectaculaire taillé dans la pierre il y a plus de 2000 ans et célèbre pour son architecture impressionnante et ses passages étroits ?

KAZAKHSTAN

Asie centrale
population : 20 000 000
capitale : Astana
Superficie (km^2) : 2 724 900

Savais-tu qu'au Kazakhstan, tu peux visiter le lac Kaindy, connu pour ses troncs d'arbres émergeant de l'eau, créant un paysage sous-marin étonnant et une forêt engloutie, due à un glissement de terrain ayant formé un barrage naturel il y a plus de 100 ans ?

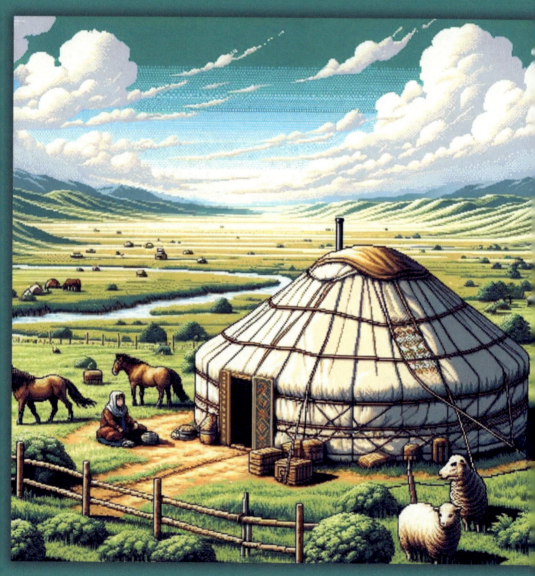

KENYA

Afrique de l'Est
population: 51 526 000
capitale: Nairobi
Superficie (km²) : 580 367

Savais-tu qu'au Kenya, il y a une course annuelle appelée le Marathon de Lewa, où les participants courent à travers la réserve de Lewa, faisant de cette course l'une des plus uniques au monde en permettant aux coureurs de voir des animaux sauvages comme des girafes et des zèbres pendant leur course ?

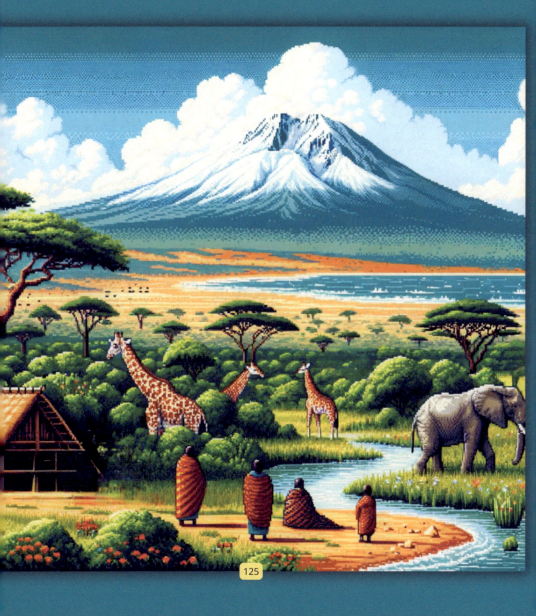

KIRGHIZISTAN

Asie centrale
population: 7 037 590
capitale: Bishkek
Superficie (km²) : 199 951

Savais-tu qu'au Kirghizistan, on célèbre chaque année le festival national du cheval, un événement important mettant en avant les sports équestres traditionnels kirghizes, comme le Kok-Boru, un jeu semblable au polo joué avec une chèvre au lieu d'une balle, montrant l'importance culturelle du cheval dans ce pays ?

KIRIBATI

Océanie
population: 121 388
capitale: Tarawa
Superficie (km^2) : 811.19

Savais-tu qu'à Kiribati, un pays composé de 33 atolls dans l'océan Pacifique, tu peux remonter dans le temps, car il est situé juste à l'ouest de la ligne de changement de date, offrant la possibilité de revenir 24 heures en arrière en traversant simplement la ligne en bateau ? Pratique pour gagner un jour de weekend !

KOSOVO

Europe du Sud-Est
population : 1 761 985
capitale : Pristina
Superficie (km^2) : 10 887

Savais-tu qu'au Kosovo, il y a une tradition spéciale appelée "xhiro", une promenade en soirée où les gens se rencontrent, discutent et se détendent en marchant dans les rues principales des villes, une coutume sociale importante pour les habitants qui renforce la communauté et l'amitié ?

KOWEÏT

Moyen-Orient
population : 4 294 621
capitale : Kowait City
Superficie (km^2) : 17 818

Savais-tu qu'au Koweït, il existe un ensemble de châteaux d'eau appelée Kuwait Towers, devenue un symbole national, qui offre une vue panoramique incroyable sur la ville et le golfe Persique, et l'une des tours a même un restaurant tournant, permettant aux visiteurs de dîner tout en admirant le paysage ?

LAOS

Asie du sud est
population : 7 749 595
capitale : Vientiane
Superficie (km²) : 236 800

Savais-tu qu'au Laos, il existe une tradition matinale appelée Tak Bat, où les moines bouddhistes marchent en file dans les rues au lever du soleil pour recevoir des offrandes de nourriture des habitants, un moment de spiritualité et de partage culturel important dans la vie quotidienne laotienne ?

LESOTHO

Afrique du sud
population: 2 210 646
capitale: Maseru
Superficie (km^2) : 30 355

Savais-tu qu'au Lesotho, un pays entièrement entouré par l'Afrique du Sud, il y a un village appelé Semonkong, où tu peux voir la chute de Maletsunyane, une des plus hautes chutes d'eau d'Afrique, qui plonge de plus de 190 mètres et crée un spectacle naturel époustouflant ?

LETTONIE

Europe de l'Est - Pays baltes
population : 1 842 226
capitale: Riga
Superficie (km^2) : 64 589

Savais-tu qu'en Lettonie, il existe une forêt de croix appelée "La Colline des Croix", où des gens du monde entier viennent pour planter des croix en signe de vœux, de prières et de souvenirs, créant un paysage unique et spirituellement riche avec plus de 100 000 croix de toutes tailles et formes ?

LIBAN

Moyen-Orient
population : 5 296 814
capitale : Beyrouth
Superficie (km^2) : 10 452

Savais-tu qu'au Liban, tu peux visiter les grottes de Jeita, un ensemble de deux grottes calcaires interconnectées, offrant un spectacle extraordinaire de stalactites et stalagmites, avec un lac souterrain que tu peux explorer en bateau, une merveille naturelle unique et féerique ?

LIBÉRIA

Afrique de l'Ouest
population: 5 506 280
capitale: Monrovia
Superficie (km²) : 111 370

Savais-tu qu'au Libéria, tu peux trouver la ville de Robertsport, célèbre pour ses plages de surf exceptionnelles, offrant des vagues parfaites pour les surfeurs de tous niveaux et un cadre naturel magnifique, encore peu connu des touristes internationaux ?

LIBYE

Afrique du Nord
population : 7 252 573
capitale : Tripoli
Superficie (km^2) : 1 759 541

Savais-tu qu'en Libye, se trouve l'un des plus grands et des plus spectaculaires sites archéologiques romains d'Afrique, Leptis Magna, avec ses ruines bien préservées, notamment un amphithéâtre, des arcs de triomphe et une rue bordée de colonnes, témoignant de la grandeur de l'Empire romain ?

LIECHTENSTEIN

Europe de l'Ouest
population : 39 584
capitale : Vaduz
Superficie (km²) : 160

Savais-tu qu'au Liechtenstein, il est possible de louer tout le pays pour des événements spéciaux, offrant une expérience exclusive et unique où tu peux avoir un pays entier à ta disposition, avec des activités personnalisées, des réceptions et même la possibilité de créer tes propres timbres-poste temporaires ?

LITUANIE

Europe de l'Est - Pays baltes
population : 2 870 191
capitale : Vilnius
Superficie (km^2) : 65 300

Savais-tu qu'en Lituanie, il y a une petite république artistique et bohème au cœur de Vilnius appelée Užupis, qui a sa propre constitution, son président, son armée (de 12 personnes !) et célèbre même son jour d'indépendance le 1er avril, offrant une expérience culturelle unique et originale ?

LUXEMBOURG

Europe de l'Ouest
population : 660 809
capitale: Luxembourg
Superficie (km^2) : 2 586,4

Savais-tu qu'au Luxembourg, il y a un réseau de casemates souterraines, un ensemble de galeries et de tunnels creusés dans le roc sous la ville, qui servaient de fortifications et d'abris durant les guerres, et que tu peux aujourd'hui visiter pour découvrir un aspect caché et fascinant de l'histoire de la ville ?

MACAO
CHINE

Asie de l'Est
population : 672 800
capitale: Macao
Superficie (km²) : 115.3

Savais-tu qu'à Macao, tu peux voir un mélange unique d'architecture portugaise et chinoise, un héritage de son passé en tant que colonie portugaise, et cette fusion culturelle se retrouve également dans sa cuisine délicieuse, ses festivals colorés et ses rues pavées pittoresques ?

MACÉDOINE DU NORD

Europe
population: 2 077 132
capitale: Skopje
Superficie (km²) : 25 713

Savais-tu qu'en Macédoine du Nord, tu peux visiter le lac d'Ohrid, un des lacs les plus anciens et les plus profonds d'Europe, reconnu pour sa biodiversité unique et ses eaux cristallines, ainsi que pour la ville d'Ohrid, riche en histoire et en monuments culturels, souvent appelée la "Jérusalem des Balkans" ?

MADAGASCAR

Afrique - Océan Indien
population : 28 812 195
capitale: Antananarivo
Superficie (km^2) : 592 796

Savais-tu qu'à Madagascar, tu peux rencontrer des lémuriens, des animaux uniques au monde qui n'existent naturellement que sur cette île, et le plus petit lémurien, le Microcèbe de Madame Berthe, qui pèse environ 30 grammes, est le plus petit primate du monde ?

MADEIRE
PORTUGAL

Europe du Sud - Atlantique
population : 250 769
capitale: Funchal
Superficie (km^2) : 801

Savais-tu qu'à Madère, une île portugaise, il existe un moyen de transport traditionnel unique appelé "Carro de Cesto", où les visiteurs peuvent descendre les rues pentues de Monte dans de grands paniers en osier guidés par deux hommes, une expérience amusante et historique ?

MALAISIE

Asie du sud est
population : 33 200 000
capitale : Kuala Lumpur
Superficie (km^2) : 330 803

Savais-tu qu'en Malaisie, tu peux visiter les tours jumelles Petronas à Kuala Lumpur, qui étaient les plus hautes tours du monde jusqu'en 2004, et qui offrent un pont d'observation entre les deux tours, permettant aux visiteurs d'admirer une vue panoramique impressionnante sur la ville ?

MALAWI

Afrique de l'Est
population : 21 240 689
capitale: Lilongwe
Superficie (km^2) : 118 484

Savais-tu qu'au Malawi, tu peux explorer le lac Malawi, un des plus grands lacs d'Afrique, connu pour sa clarté exceptionnelle et sa biodiversité, notamment ses centaines d'espèces de cichlidés, des poissons colorés uniques à ce lac ?

MALDIVES

océan Indien
population: 515 132
capitale: Male
Superficie (km²) : 298

Savais-tu qu'aux Maldives, tu peux visiter une plage bioluminescente, où la nuit, des planctons microscopiques émettent une lumière bleue fluorescente, créant un effet magique et féerique, comme si les étoiles s'étaient déplacées sur le sable et dans l'eau ?

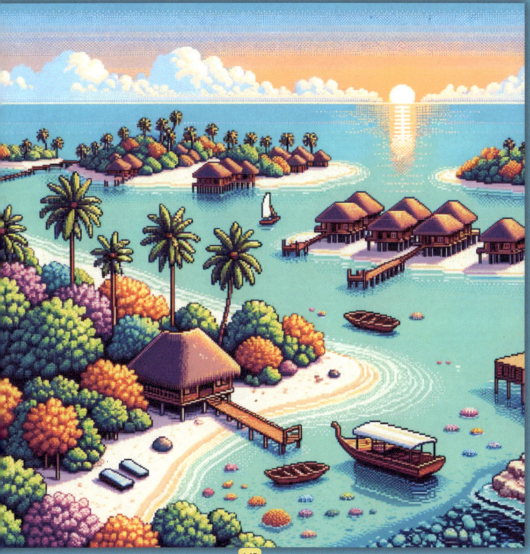

MALI

Afrique de l'Ouest
population : 21 359 722
capitale : Bamako
Superficie (km^2) : 1 241 238

Savais-tu qu'au Mali, tu peux visiter la ville de Djenné, célèbre pour sa Grande Mosquée, le plus grand édifice en banco du monde, une construction traditionnelle en terre crue, un exemple spectaculaire d'architecture africaine et un site important du patrimoine mondial de l'UNESCO ?

MALTE

Europe du Sud
population: 519 562
capitale: La Valette
Superficie (km^2) : 316

Savais-tu qu'à Malte, il existe un temple souterrain appelé Hypogée de Hal Saflieni, un site archéologique préhistorique unique datant d'environ 4000 avant J.C., qui est le seul temple souterrain préhistorique connu au monde, offrant un aperçu fascinant de la culture et des croyances de l'âge de pierre?

ÎLES MARIANNES DU NORD

ÉTATS-UNIS

Océanie
population: 57 216
capitale: Chalan Kanoa
Superficie (km²) : 464

Savais-tu qu'aux Îles Mariannes du Nord, tu peux visiter la Grotte de l'Étoile Bleue, une grotte sous-marine cachée à Saipan, où l'eau de mer s'illumine d'un bleu éclatant grâce à la lumière du soleil filtrant à travers les roches, créant une expérience de plongée féerique et unique ?

MAROC

Afrique du Nord
population : 37 984 655
capitale : Rabat
Superficie (km^2) : 446 300

Savais-tu qu'au Maroc, il y a un arbre appelé l'arganier, unique au monde, dont les fruits sont utilisés pour produire l'huile d'argan, un produit à l'odeur délicieuse très prisé pour ses propriétés culinaires et cosmétiques, et que parfois les chèvres grimpent haut dans ces arbres pour manger leurs fruits ?

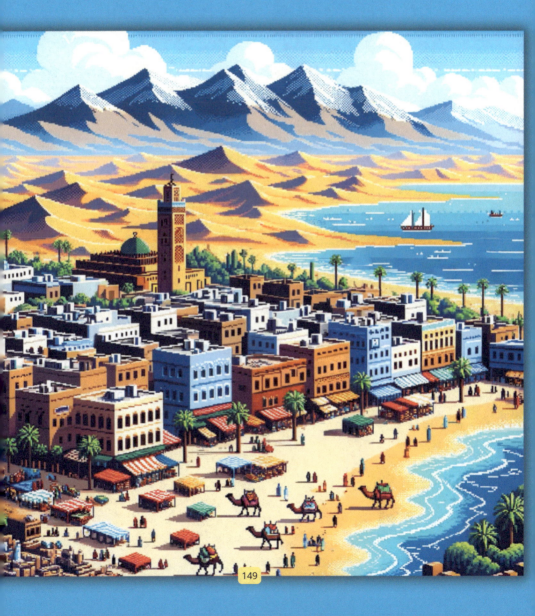

MARTINIQUE
FRANCE

Caraïbes
population: 349 925
capitale: Fort-de-France
Superficie (km^2) : 1 128

Savais-tu qu'en Martinique, tu peux visiter la Montagne Pelée, un volcan encore actif qui a érupté en 1902, détruisant la ville de Saint-Pierre, autrefois surnommée le "Petit Paris des Antilles", et aujourd'hui, tu peux randonner sur le volcan pour profiter de vues spectaculaires sur l'île ?

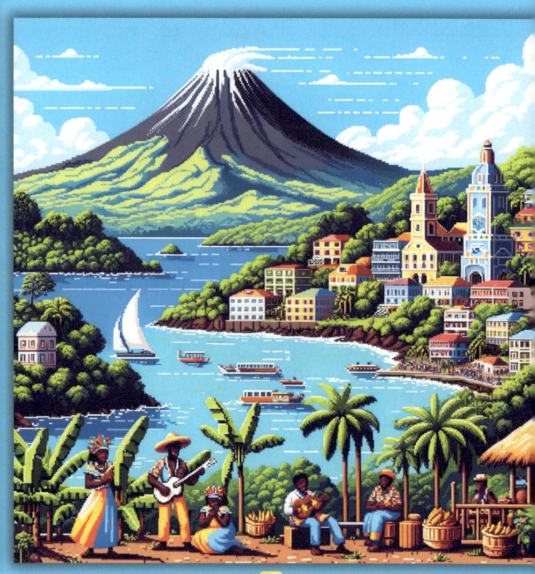

ÎLE MAURICE

océan Indien
population: 1 265 475
capitale: Port-Louis
Superficie (km^2) : 2 040

Savais-tu qu'à Maurice, il existe un phénomène naturel appelé "Terre des Sept Couleurs" à Chamarel, un site unique où les dunes de terre sont composées de différentes couleurs - rouges, brunes, violettes, vertes, bleues, jaunes et même oranges, créant un paysage surréaliste et coloré ?

MAURITANIE

Afrique
population: 4 244 878
capitale: Nouakchott
Superficie (km^2) : 1 030 000

Savais-tu qu'en Mauritanie, tu peux découvrir l'Adrar, une région désertique époustouflante connue pour ses formations rocheuses spectaculaires, ses anciennes villes caravanières et son train du désert, l'un des plus longs trains du monde, transportant du minerai de fer à travers le Sahara ?

MAYOTTE
FRANCE

Afrique - Océan Indien
population : 320 901
capitale : Mamoudzou
Superficie (km^2) : 374

Savais-tu qu'à Mayotte, tu peux observer une barrière de corail formant un lagon, l'un des plus grands lagons fermés du monde, offrant une richesse exceptionnelle de biodiversité marine, et c'est aussi un lieu privilégié pour l'observation des baleines à bosse qui viennent s'y reproduire ?

MEXIQUE

Amérique du Nord
population: 129 875 529
capitale: Mexico
Superficie (km^2) : 1 972 550

Savais-tu qu'au Mexique, il existe un phénomène naturel unique appelé la migration des papillons monarques, où des millions de ces papillons orange et noir parcourent jusqu'à 4 000 kilomètres depuis l'Amérique du Nord pour hiverner dans les forêts de pins et de sapins de l'État de Michoacán, un spectacle naturel époustouflant ?

MICRONÉSIE

Océanie
population: 104 468
capitale: Palikir
Superficie (km²) : 702

Savais-tu qu'en Micronésie, tu peux explorer la Cité perdue de Nan Madol sur l'île de Pohnpei, un ensemble de plus de 90 îles artificielles construites avec des colonnes de basalte et de corail, un site archéologique mystérieux souvent comparé à une Venise du Pacifique ?

MOLDAVIE

L'Europe de l'Est
population : 2 512 758
capitale : Chișinău
Superficie (km^2) : 33 843

Savais-tu qu'en Moldavie, tu peux visiter la cave à vin de Mileștii Mici, inscrite au Livre Guinness des records comme la plus grande cave à vin du monde, avec plus de 200 kilomètres de galeries souterraines et des millions de bouteilles de vin stockées dans ses profondeurs ?

MONACO

Europe de l'Ouest
population : 39 050
capitale : Monaco
Superficie (km^2) : 2.08

Savais-tu qu'à Monaco, le Grand Prix de Monaco est l'une des courses de Formule 1 les plus célèbres et les plus prestigieuses au monde, se déroulant dans les rues étroites de la ville, offrant un défi unique et spectaculaire pour les pilotes ?

MONGOLIE

Asie de l'Est
population: 3 227 863
capitale: Oulan-Bator
Superficie (km²) : 1 564 116

Savais-tu qu'en Mongolie, il existe un festival traditionnel appelé Naadam, qui se tient chaque été et où les compétiteurs s'affrontent dans trois sports ancestraux : la lutte mongole, le tir à l'arc et les courses de chevaux, une célébration importante de la culture et de l'histoire mongole ?

MONTÉNÉGRO

Europe - Balkans
population: 633.158
capitale: Podgorica
Superficie (km^2) : 13 812

Savais-tu qu'au Monténégro, tu peux visiter le parc national de Durmitor, un site inscrit au patrimoine mondial de l'UNESCO, qui offre des paysages spectaculaires avec ses montagnes, ses canyons, dont le canyon de la Tara, l'un des plus profonds d'Europe, et ses lacs glaciaires ?

MONTSERRAT
ROYAUME-UNI

Caraïbes
population: 4 390
capitale: Brades
Superficie (km^2) : 102

Savais-tu qu'à Montserrat, une île des Caraïbes, il y a un volcan actif nommé Soufrière Hills qui a érupté en 1995, recouvrant la capitale Plymouth sous des cendres, la transformant en une ville fantôme moderne, un site à la fois triste et fascinant pour les visiteurs ?

MOZAMBIQUE

Afrique du sud
population : 34 173 805
capitale: Maputo
Superficie (km^2) : 801 590

Savais-tu qu'au Mozambique, il existe des "dunes chantantes" près de la ville de Vilanculos, des dunes de sable qui émettent des sons semblables à de la musique lorsqu'on les escalade ou lorsqu'elles sont agitées par le vent, un phénomène naturel fascinant et peu commun ?

MYANMAR

Asie du sud est
population: 57 526 449
capitale: Naypyitaw
Superficie (km^2) : 676 579

Savais-tu qu'au Myanmar, tu peux visiter le site de Bagan, un ancien royaume avec plus de 2 000 temples et pagodes bouddhistes datant des 11e et 12e siècles, s'étendant sur une vaste plaine, offrant un paysage à couper le souffle, surtout lors des levers et couchers de soleil ?

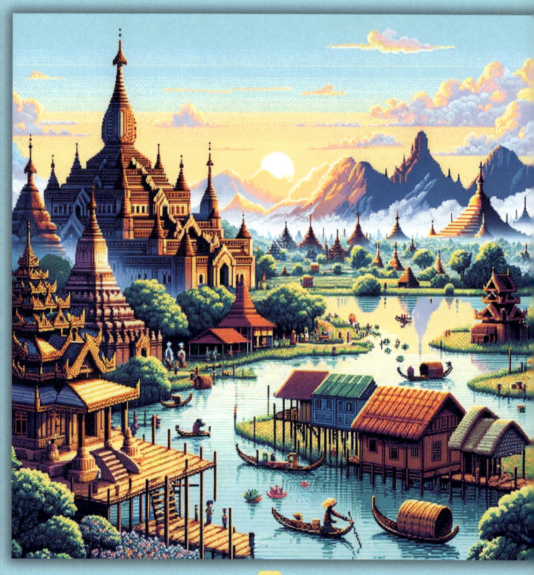

NAMIBIE

Afrique du sud
population: 2 777 232
capitale: Windhoek
Superficie (km^2) : 825 615

Savais-tu qu'en Namibie, il existe un lieu appelé Deadvlei, un ancien marais asséché entouré par les plus hautes dunes de sable du monde dans le désert du Namib, où se dressent des arbres morts vieux de plus de 900 ans, créant un paysage surréaliste et d'une beauté étrange ?

NAURU

Océanie
population : 10 834
~~capitale :~~ Yaren (ville principale)
Superficie (km^2) : 21

Savais-tu qu'à Nauru, la troisième plus petite nation indépendante du monde, il n'y a aucune capitale officielle, et c'est un des rares pays au monde sans capitale, un fait inhabituel pour un pays souverain ?

NÉPAL

Asie du sud
population: 30 666 598
capitale: Katmandou
Superficie (km^2) : 147 516

Savais-tu qu'au Népal, tu peux trouver l'Everest, la plus haute montagne du monde, et que chaque année, des centaines d'alpinistes tentent d'atteindre son sommet, mais il y a aussi des sentiers de randonnée plus accessibles dans la région offrant des vues spectaculaires sur l'Himalaya ?

NICARAGUA

Amérique centrale
population: 6 702 000
capitale: Managua
Superficie (km^2) : 130 373

Savais-tu qu'au Nicaragua, il existe un sport unique appelé le surf sur volcan, où les aventuriers peuvent glisser sur les pentes de cendres du volcan Cerro Negro, l'un des seuls endroits au monde où cette activité extrême est possible, offrant une expérience tout à fait unique ?

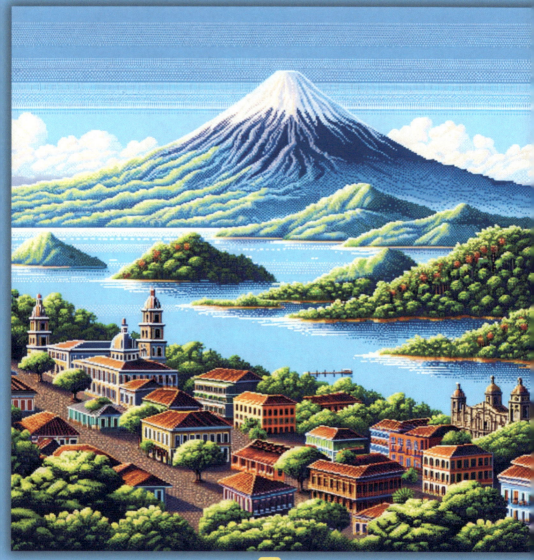

NIGER

Afrique de l'Ouest
population : 25 130 000
capitale: Niamey
Superficie (km^2) : 1 267 000

Savais-tu qu'au Niger, tu peux explorer le désert du Ténéré, une partie du Sahara, où se trouve l'Arbre du Ténéré, autrefois considéré comme l'arbre le plus isolé de la Terre, un symbole de survie dans des conditions extrêmes, bien qu'aujourd'hui il soit remplacé par un métal sculpté en forme d'arbre ?

NIGERIA

Afrique
population : 216 746 934
capitale : Abuja
Superficie (km^2) : 923 768

Savais-tu qu'au Nigeria, tu peux assister à la fête d'Argungu, un festival de pêche traditionnel qui se déroule annuellement dans l'État de Kebbi, où des milliers de pêcheurs se jettent simultanément dans un fleuve pour attraper le plus gros poisson, une célébration culturelle spectaculaire et chaotique ?

NIUE

Océanie
population: 1 520
capitale: Alofi
Superficie (km^2) : 260

Savais-tu qu'à Niue, une petite île du Pacifique, il existe des grottes de chaux et des piscines naturelles avec une eau cristalline, créant un paysage naturel époustouflant, et l'île est également connue pour ses excellentes conditions de plongée, offrant aux visiteurs la chance de nager avec des baleines et des dauphins ?

NORVÈGE

Europe du Nord - Scandinavie
population: 5 425 270
capitale: Oslo
Superficie (km^2) : 385 207

Savais-tu qu'en Norvège, il y a un phénomène naturel appelé le soleil de minuit, où dans certaines parties du pays, au-dessus du cercle polaire arctique, le soleil ne se couche pas pendant plusieurs semaines en été, permettant aux gens de profiter de la lumière du jour 24 heures sur 24 ?

NOUVELLE CALÉDONIE
FRANCE

Océanie
population: 289 000
capitale: Nouméa
Superficie (km²) : 18 575

Savais-tu qu'en Nouvelle-Calédonie, il existe un lagon entourant l'île qui est un des plus grands lagons fermés du monde, inscrit au patrimoine mondial de l'UNESCO pour sa biodiversité exceptionnelle, avec des récifs coralliens abritant une multitude de poissons tropicaux, de requins, de tortues et d'autres espèces marines?

NOUVELLE-ZÉLANDE

Océanie
population : 5 112 000
capitale : Wellington
Superficie (km^2) : 268 021

Savais-tu qu'en Nouvelle-Zélande, tu peux visiter un lieu appelé Wai-O-Tapu, un parc géothermal avec des bassins d'eau chaude colorés naturellement, des geysers et des formations rocheuses étonnantes, créant un paysage presque surnaturel, souvent décrit comme une palette de peintre ?

OMAN

Moyen-Orient
population: 5 223 000
capitale: Mascate
Superficie (km²) : 309 500

Savais-tu qu'à Oman, il y a un arbre appelé l'arbre de Frankincense à Salalah, où est produite la résine utilisée pour l'encens, un produit si précieux dans l'Antiquité qu'il était uniquement réservé aux rois, et cette région est reconnue pour la qualité exceptionnelle de son encens ?

OUGANDA

Afrique de l'Est
population : 45 700 000
capitale: Kampala
Superficie (km^2) : 241 038

Savais-tu que l'Ouganda fut surnommé la "Perle de l'Afrique" en raison de sa biodiversité exceptionnelle, incluant la moitié de la population mondiale de gorilles de montagne vivant dans ses forêts impénétrables, ainsi que le fleuve Nil, le plus long fleuve du monde, qui y prend sa source ?

OUZBÉKISTAN

Asie centrale
population: 33 900 000
capitale: Tachkent
Superficie (km^2) : 447 400

Savais-tu que l'Ouzbékistan abrite Samarcande, une des plus anciennes villes habitées du monde, connue pour sa place du Registan, un chef-d'œuvre de l'architecture islamique avec ses constructions couvertes de mosaïques éblouissantes, témoignant des siècles de route de la soie qui traversait la ville ?

PAKISTAN

Asie du sud
population: 235 824 860
capitale: Islamabad
Superficie (km²) : 881 913

Savais-tu qu'au Pakistan, tu peux visiter le Fort de Lahore, une ville dans la ville et un immense complexe historique, avec des palais, des jardins, des halls et des mosquées, témoignant de l'histoire riche et diversifiée du pays, datant de l'époque moghole ?

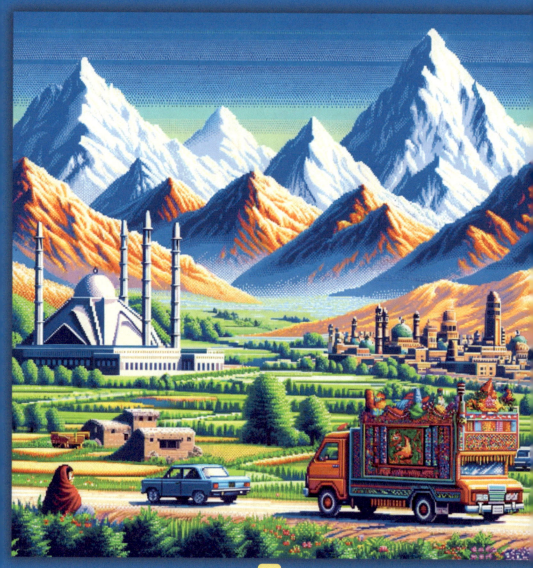

PALAOS

Océanie
population: 18 094
capitale: Melekeok
Superficie (km²) : 459

Savais-tu qu'aux Palaos, il existe un lac, le Lac aux Méduses, où tu peux nager avec des millions de méduses dorées inoffensives, une expérience unique et magique, car ces méduses ont perdu leur capacité à piquer après des années d'isolement dans ce lac fermé ?

PALESTINE

Moyen-Orient
population : 5 101 416
capitale : Ramallah / Jérusalem-Est
Superficie (km^2) : 6 220

Savais-tu qu'en Palestine, tu peux visiter la ville de Bethléem, le lieu de naissance présumé de Jésus Christ selon la tradition chrétienne, et y voir l'Église de la Nativité, un site du patrimoine mondial de l'UNESCO source de nombreuses légendes et l'une des plus anciennes églises encore en usage dans le monde ?

PANAMA

Amérique centrale
population : 4 381 579
capitale: Panama City
Superficie (km^2) : 75 417

Savais-tu qu'au Panama, il y a le célèbre canal de Panama, une prouesse d'ingénierie qui connecte l'océan Atlantique à l'océan Pacifique, et dont la traversée par bateau offre une expérience fascinante en observant le fonctionnement des écluses et le passage étroit à travers la jungle tropicale ?

PAPOUASIE NOUVELLE GUINÉE

Océanie
population : 9 119 010
capitale: Port Moresby
Superficie (km^2) : 462 840

Savais-tu qu'en Papouasie-Nouvelle-Guinée, tu peux trouver des oiseaux de paradis, des oiseaux aux couleurs et aux parades nuptiales spectaculaires, considérés comme certains des oiseaux les plus extraordinaires et les plus beaux au monde, un véritable spectacle de la nature dans les forêts tropicales du pays ?

PARAGUAY

Amérique du Sud
population : 7 353 672
capitale : Asunción
Superficie (km²) : 406 752

Savais-tu qu'au Paraguay, il y a une tradition musicale unique appelée la harpe paraguayenne, considérée comme l'instrument national, et dont la musique est un mélange fascinant d'influences européennes et guarani, créant des mélodies douces et rythmées qui sont un élément essentiel de la culture paraguayenne ?

PAYS DE GALLES
ROYAUME-UNI

Europe de l'Ouest
population : 3 105 410
capitale : Cardiff
Superficie (km^2) : 20 779

Savais-tu que le Pays de Galles est connu pour avoir le plus grand nombre de châteaux par kilomètre carré au monde, témoignant de son riche passé médiéval et offrant une fenêtre sur l'histoire à travers des forteresses imposantes comme le château de Caernarfon et le château de Conwy ?

PAYS-BAS

Europe de l'Ouest
population: 17 680 000
capitale: Amsterdam
Superficie (km^2) : 41 543

Savais-tu qu'aux Pays-Bas, il existe un village sans routes appelé Giethoorn, surnommé la Venise du Nord, où les maisons sont reliées par des canaux et des ponts, et les visiteurs peuvent se déplacer uniquement en bateau ou à pied, offrant une expérience paisible et pittoresque ?

PÉROU

Amérique du Sud
population : 33 359 418
capitale : Lima
Superficie (km^2) : 1 285 216

Savais-tu qu'au Pérou, tu peux visiter une ancienne ville inca nommée Machu Picchu, située en haut d'une montagne et redécouverte en 1911, considérée comme une merveille architecturale et l'un des sites archéologiques les plus importants du monde, offrant une vue époustouflante sur les Andes ?

PHILIPPINES

Asie du sud est
population: 113 811 000
capitale: Manille
Superficie (km²) : 300 000

Savais-tu qu'aux Philippines, il existe un petit primate appelé le tarsier, qui vit notamment sur l'île de Bohol, connu pour être l'un des plus petits primates au monde avec de grands yeux disproportionnés, et est une espèce unique à observer dans son habitat naturel ?

ÎLE PITCAIRN
ROYAUME-UNI

Océanie - Pacifique Sud
population: 50
capitale: Adamstown
Superficie (km^2) : 47

Savais-tu que l'île Pitcairn, un territoire britannique dans le Pacifique Sud, est l'une des communautés habitées les plus isolées au monde, avec une population descendant principalement des mutins du HMS Bounty et de leurs épouses polynésiennes, et qu'elle reste accessible uniquement par bateau, offrant un mode de vie unique et préservé ?

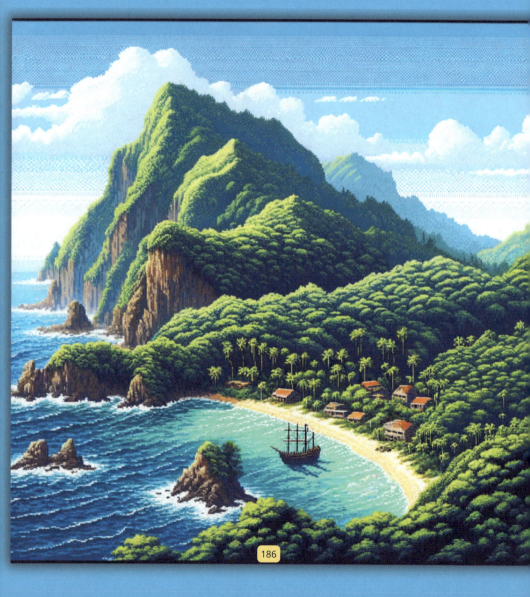

POLOGNE

L'Europe de l'Est
population : 37 797 005
capitale : Varsovie
Superficie (km^2) : 312 679

Savais-tu qu'en Pologne, dans la forêt de Krzyżowa, près de Gryfino, il y a un groupe mystérieux d'arbres appelés les "Arbres Tordus", où environ 400 pins ont poussé avec des courbures étranges à la base, un phénomène dont la cause reste un mystère et attire de nombreux curieux ?

POLYNÉSIE FRANÇAISE
FRANCE

Océanie
population: 278 786
capitale: Papeete
Superficie (km^2) : 4 167

Savais-tu qu'en Polynésie Française, il existe un concours annuel de danse traditionnelle appelé le Heiva i Tahiti, un festival vibrant de musique, de danse et de traditions culturelles, célébrant l'art de vivre et les coutumes des îles polynésiennes ?

PORTO RICO
ÉTATS-UNIS

Caraïbes
population: 3 194 000
capitale: San Juan
Superficie (km^2) : 9 104

Savais-tu qu'à Porto Rico, il y a une baie appelée la Baie Bioluminescente de Vieques, l'une des rares baies au monde où tu peux observer un phénomène naturel appelé bioluminescence, où des micro-organismes dans l'eau émettent une lumière bleue scintillante lorsqu'ils sont agités, offrant une expérience magique et féerique de nuit ?

PORTUGAL

Europe du Sud
population: 10 295 000
capitale: Lisbonne
Superficie (km^2) : 92 212

Savais-tu qu'au Portugal, tu peux visiter la librairie Lello à Porto, une des plus belles librairies du monde, connue pour son escalier en spirale unique et son intérieur élégant, qui aurait inspiré J.K. Rowling dans la création de la bibliothèque de Poudlard dans la série Harry Potter ?

QATAR

Moyen-Orient
population : 2 979 000
capitale : Doha
Superficie (km^2) : 11 571

Savais-tu qu'au Qatar, tu peux visiter un village appelé Al Zubarah, un site du patrimoine mondial de l'UNESCO, qui était autrefois un important port de perles et de commerce dans le Golfe Persique, et où les ruines préservées offrent un aperçu fascinant de la vie dans la région avant la découverte du pétrole ?

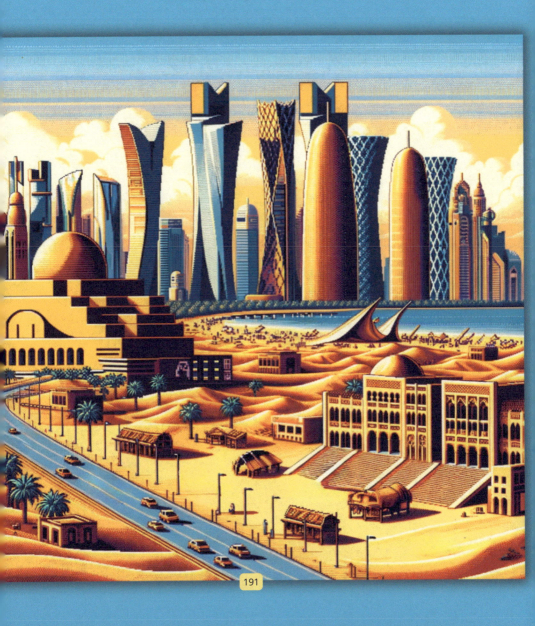

RÉPUBLIQUE CENTRAFRICAINE

Afrique centrale
population: 5 552 228
capitale: Bangui
Superficie (km^2) : 622 984

Savais-tu qu'en République centrafricaine se trouve l'un des plus vastes parcs nationaux du monde, le Parc National Manovo-Gounda St. Floris, qui abrite une incroyable diversité d'animaux sauvages, mais est malheureusement menacé par le braconnage et la déforestation ?

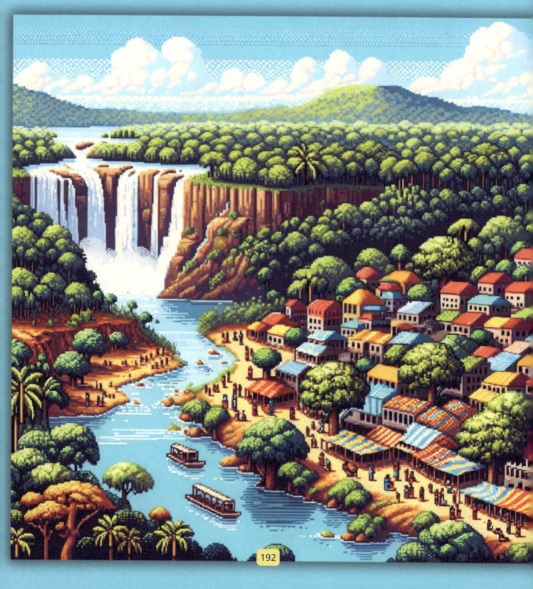

RÉPUBLIQUE DÉMOCRATIQUE DU CONGO

Afrique centrale
population: 111 859 928
capitale: Kinshasa
Superficie (km^2) : 2 345 409

Savais-tu qu'en République Démocratique du Congo se trouve le Parc National des Virunga, le plus ancien parc national d'Afrique, abritant des volcans actifs et une biodiversité incroyable, dont les célèbres gorilles de montagne ?

RÉPUBLIQUE DOMINICAINE

Caraïbes
population : 11 434 005
capitale : Saint-Domingue
Superficie (km^2) : 48 671

Savais-tu qu'en République Dominicaine, tu peux visiter la ville de Saint-Domingue, la plus vieille ville européenne établie dans le Nouveau Monde, avec son quartier colonial classé au patrimoine mondial de l'UNESCO, plein d'histoire et d'architecture impressionnante ?

ILE DE LA RÉUNION
FRANCE

Afrique - Océan Indien
population: 859 959
capitale: Saint-Denis (Sin Dni)
Superficie (km^2) : 2 511

Savais-tu qu'à l'île de la Réunion, tu peux trouver le Piton de la Fournaise, un des volcans les plus actifs au monde, offrant des paysages lunaires spectaculaires et des éruptions fréquentes, ce qui en fait un site d'observation et de randonnée exceptionnel pour les amateurs de géologie et de nature ?

ROUMANIE

L'Europe de l'Est
population: 19 127 774
capitale: Bucarest
Superficie (km^2) : 238 397

Savais-tu qu'en Roumanie, tu peux visiter le château de Bran, souvent associé à la légende de Dracula, un lieu entouré de mystère et de folklore, offrant une architecture médiévale impressionnante et des paysages magnifiques, attirant de nombreux visiteurs curieux de découvrir la légende de Vlad l'Empaleur ?

RUSSIE

Europe/Asie
population: 145 912 025
capitale: Moscou
Superficie (km^2) : 17 098 242

Savais-tu qu'en Russie, il existe un lac nommé Baïkal, le plus profond et le plus ancien lac d'eau douce du monde, abritant une faune unique dont une espèce endémique de phoque d'eau douce, et en hiver, sa surface gèle en formant des blocs de glace translucides, révèle un paysage féérique ?

RWANDA

Afrique centrale
population : 13 600 000
capitale : Kigali
Superficie (km²) : 26 338

Savais-tu qu'au Rwanda, il est possible de faire du trekking pour observer des gorilles de montagne dans le Parc National des Volcans, une expérience unique et émouvante, permettant de rencontrer ces grands singes dans leur habitat naturel, une espèce en voie de disparition et protégée par des efforts de conservation ?

SABA
PAYS-BAS

Caraïbes
population: 1 537
capitale: The Bottom
Superficie (km²) : 13

Savais-tu qu'à Saba, une petite île des Caraïbes, tu peux trouver le Mont Scenery, le point le plus haut du Royaume des... Pays-Bas, et y faire une randonnée à travers une forêt nuageuse dense jusqu'au sommet, offrant une vue spectaculaire sur l'île et ses environs ?

SAHARA OCCIDENTAL

Afrique
population: 597 000
capitale: Laâyoune
Superficie (km^2) : 266 000

Savais-tu que le Sahara occidental est l'un des rares endroits au monde où l'on peut observer le phénomène naturel des mirages, des illusions optiques causées par la réfraction de la lumière dans l'air surchauffé, donnant l'impression de voir des lacs et parfois des oasis dans le désert ?

SAINT-EUSTACHE
PAYS-BAS

Caraïbes
population: 3 138
capitale: Oranjestad
Superficie (km^2) : 21

Savais-tu qu'à Saint-Eustache, une île des Caraïbes, tu peux visiter l'unique quai pour baleines au monde encore existant, un héritage de l'époque où l'île était un centre majeur de l'industrie baleinière, et aujourd'hui transformé en site historique offrant un aperçu fascinant de cette époque révolue ?

SAINT-KITTS-ET-NEVIS

Caraïbes
population: 53 821
capitale: Basseterre
Superficie (km^2) : 269

Savais-tu qu'à Saint-Kitts-et-Nevis, tu peux faire un voyage sur le "Scenic Railway", l'unique chemin de fer des Caraïbes, construit pour transporter le sucre de canne et qui offre maintenant aux visiteurs un tour panoramique autour de l'île, avec des vues magnifiques sur les plantations, les villages et les côtes ?

SAINT MARIN

Europe du Sud
population: 34 232
capitale: San Marino
Superficie (km^2) : 61

Savais-tu qu'à Saint-Marin, l'une des plus anciennes républiques au monde, existe une tradition unique lors des élections où, plutôt que d'utiliser des urnes, les votes sont jetés dans un sac en toile appelé "Bussolotto", une coutume qui remonte à des siècles et symbolise la continuité des traditions démocratiques du pays ?

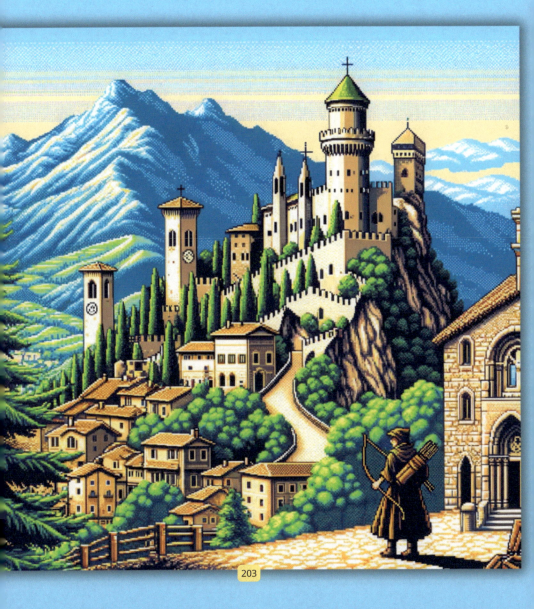

SAINT-VINCENT-ET-LES-GRENADINES

Caraïbes
population: 111 263
capitale: Kingstown
Superficie (km^2) : 389

Savais-tu qu'à Saint-Vincent-et-les-Grenadines, tu peux explorer la Soufrière, un volcan actif offrant des randonnées jusqu'à son cratère, où tu peux observer un paysage lunaire impressionnant, et c'est également un lieu privilégié pour les plongeurs, grâce à ses récifs coralliens et ses épaves sous-marines ?

SAINTE-LUCIE

Caraïbes
population: 184 400
capitale: Castries
Superficie (km^2) : 617

Savais-tu qu'à Sainte-Lucie, tu peux voir les Pitons, deux pics volcaniques spectaculaires et emblématiques de l'île, reconnus comme site du patrimoine mondial de l'UNESCO, et offrant des paysages à couper le souffle, parfaits pour la randonnée et l'exploration, ou simplement pour admirer leur beauté naturelle depuis la plage ?

ÎLES SALOMON

Océanie
population: 703 996
capitale: Honiara
Superficie (km^2) : 28 896

Savais-tu qu'aux Îles Salomon, tu peux explorer le Parc National de l'Île de Rennell, le plus grand atoll surélevé du monde et site du patrimoine mondial de l'UNESCO, célèbre pour son lac Tegano, un habitat unique pour de nombreuses espèces endémiques et un exemple exceptionnel de phénomènes géologiques et écologiques ?

SALVADOR (EL)

Amérique centrale
population: 6 602 370
capitale: San Salvador
Superficie (km^2) : 21 041

Savais-tu qu'au Salvador, il existe un lac, le lac de Coatepeque, qui change de couleur, passant du bleu turquoise au vert émeraude à différentes périodes de l'année, un phénomène naturel étonnant qui fascine les scientifiques et les visiteurs ?

SAMOA

Océanie
population : 200 874
capitale : Apia
Superficie (km^2) : 2 831

Savais-tu qu'aux Samoa, il existe un site naturel appelé To Sua Ocean Trench, une énorme fosse naturelle remplie d'eau de mer cristalline reliée à l'océan par un tunnel souterrain, entourée de jardins luxuriants, offrant une piscine naturelle spectaculaire et unique pour nager et plonger ?

SAMOA AMÉRICAINES
ÉTATS-UNIS

Océanie
population: 43 688
capitale: Pago Pago
Superficie (km^2) : 200

Savais-tu qu'aux Samoa Américaines, la population locale utilise traditionnellement le Umu, une méthode de cuisson où la nourriture est cuite sur des pierres chaudes enterrées, donnant un goût unique aux plats?

SAO TOMÉ ET PRINCIPE

Afrique
population: 223 368
capitale: São Tomé
Superficie (km^2) : 964

Savais-tu qu'à São Tomé et Principe, tu peux explorer le Parc National d'Obô, un écosystème unique abritant une faune et une flore rares, y compris des orchidées qu'on ne trouve nulle part ailleurs dans le monde, et des paysages variés allant des plages de sable aux forêts denses et montagnes volcaniques ?

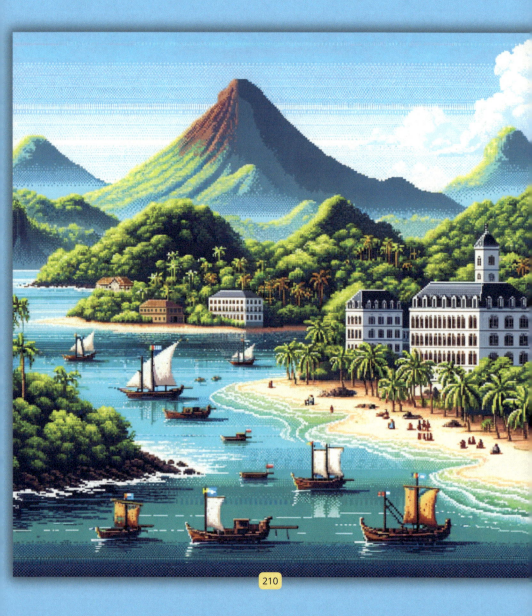

SÉNÉGAL

Afrique de l'Ouest
population : 17 196 301
capitale : Dakar
Superficie (km^2) : 196 722

Savais-tu qu'au Sénégal, tu peux visiter le Lac Retba, également connu sous le nom de Lac Rose, célèbre pour ses eaux rose vif dues à la présence d'une algue spéciale, et ce lac est aussi le point final du célèbre rallye Paris-Dakar, attirant des curieux et des amateurs de paysages uniques ?

SERBIE

Europe - Balkans
population: 6 926 705
capitale: Belgrade
Superficie (km²) : 77 474

Savais-tu qu'en Serbie, tu peux visiter un endroit appelé Drvengrad, également connu sous le nom de Küstendorf, un village traditionnel en bois créé par le célèbre réalisateur Emir Kusturica pour le film "Life is a Miracle", et qui est maintenant un lieu culturel unique avec des festivals de cinéma, des concerts et des expositions d'art ?

SEYCHELLES

Afrique - Océan Indien
population: 99 202
capitale: Mahé
Superficie (km^2) : 455

Savais-tu qu'aux Seychelles, tu peux voir le coco de mer, la plus grosse graine au monde, qui pousse uniquement dans les îles de Praslin et Curieuse, et ces noix de coco uniques, avec leur forme distinctive (de fesses!) et leur taille impressionnante, sont un symbole emblématique de ces îles paradisiaques ?

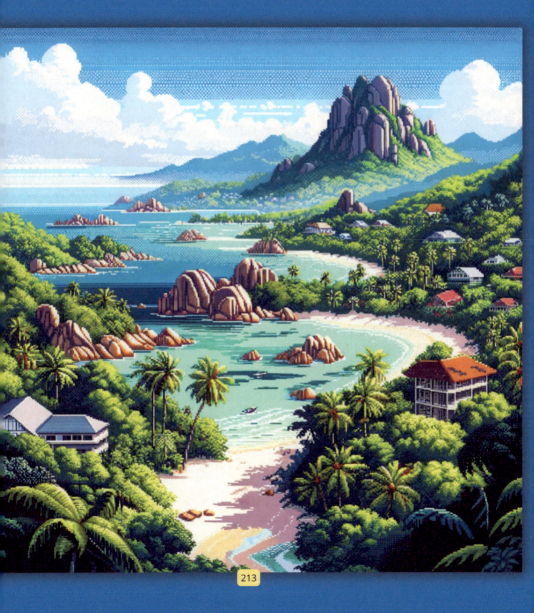

SIERRA LEONE

Afrique de l'Ouest
population : 8 141 343
capitale : Freetown
Superficie (km^2) : 71 740

Savais-tu qu'en Sierra Leone, tu peux visiter la réserve de chimpanzés de Tacugama, un sanctuaire dédié à la protection et à la réhabilitation des chimpanzés orphelins et maltraités, offrant une opportunité unique de voir ces animaux fascinants et très intelligents de près et de comprendre les efforts de conservation pour protéger cette espèce en danger ?

SINGAPOUR

Asie du sud est
population: 5 453 600
capitale: Singapour
Superficie (km^2) : 719

Savais-tu qu'à Singapour, il existe des lois très strictes sur la propreté et l'ordre public, par exemple, il est interdit de mâcher du chewing-gum dans les lieux publics, une règle mise en place pour maintenir la propreté des rues et des transports en commun, reflétant l'engagement du pays envers l'ordre et la discipline ?

SLOVAQUIE

Europe
population: 5 460 721
capitale: Bratislava
Superficie (km²) : 49 035

Savais-tu qu'en Slovaquie, tu peux visiter les grottes d'Ochtinská Aragonite, uniques en Europe et rares dans le monde, où tu peux admirer des formations géologiques exceptionnelles composées d'aragonite, un minéral qui crée des structures cristallines éblouissantes et variées, offrant un spectacle naturel fascinant ?

SLOVÉNIE

Europe
population: 2 102 678
capitale: Ljubljana
Superficie (km^2) : 20 273

Savais-tu qu'en Slovénie, il y a une région appelée la Vallée de la Škocjan, qui abrite des grottes classées au patrimoine mondial de l'UNESCO, connues pour leur réseau de cavernes gigantesques, de ponts naturels et de profonds canyons, formant l'un des systèmes karstiques souterrains les plus grands et les plus spectaculaires au monde ?

SOMALIE

Afrique de l'Est
population: 16 359 504
capitale: Mogadiscio
Superficie (km^2) : 637 657

Savais-tu qu'en Somalie, tu peux trouver des peintures rupestres anciennes à Laas Geel, près de Hargeisa, des œuvres d'art préhistoriques remarquablement préservées datant de plusieurs millénaires, représentant des scènes de la vie quotidienne et des animaux, offrant un aperçu fascinant de l'histoire ancienne de la région ?

SOUDAN

Afrique
population: 45 561 556
capitale: Khartoum
Superficie (km^2) : 1 861 484

Savais-tu qu'au Soudan, tu peux visiter les pyramides de Méroé, un site archéologique moins connu que les pyramides d'Égypte, mais tout aussi impressionnant, avec plus de 200 pyramides datant du royaume de Koush, offrant un aperçu fascinant d'une civilisation ancienne et riche en histoire ?

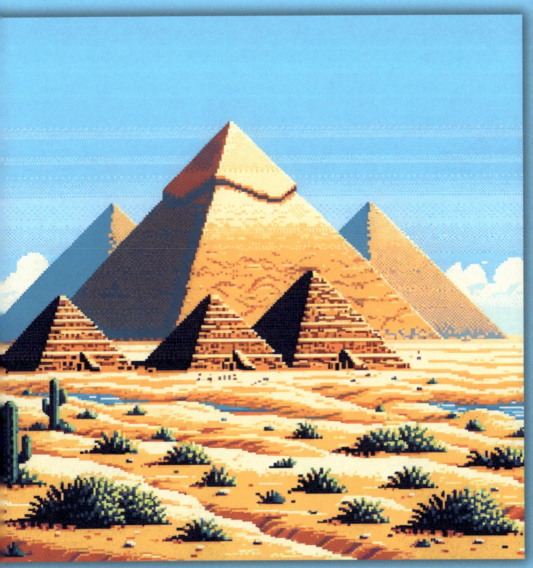

SOUDAN DU SUD

Afrique
population: 11 381 378
capitale: Juba
Superficie (km²) : 619 745

Savais-tu qu'au Soudan du Sud, tu peux observer la seconde plus grande migration animale au monde, avec des millions d'antilopes, de gazelles et de zèbres qui traversent les plaines et les marécages du pays, un spectacle naturel impressionnant et moins connu que la grande migration de la Tanzanie et du Kenya ?

SRI LANKA

Asie du sud
population: 21 803 000
capitale: Colombo
Superficie (km^2) : 65 610

Savais-tu qu'au Sri Lanka, il existe un endroit appelé Sigiriya, souvent surnommé le "Rocher du Lion", un ancien palais construit au sommet d'un rocher massif de 200 mètres de haut, célèbre pour ses fresques, ses jardins aquatiques et ses anciennes inscriptions, considéré comme l'une des merveilles architecturales de l'ancien monde ?

SAINT-MARTIN

PAYS-BAS / FRANCE

Caraïbes
population : 42 876
capitale: Marigot (France)
Superficie (km^2) : 34

Savais-tu qu'à Saint-Martin, une île partagée entre la France et les Pays-Bas, tu peux vivre une expérience unique sur la plage de Maho, située juste à côté de l'aéroport, où les avions atterrissent et décollent à seulement quelques mètres au-dessus des têtes des baigneurs, offrant un spectacle impressionnant et des sensations fortes ?

SUÈDE

Europe du Nord - Scandinavie
population : 10 379 295
capitale : Stockholm
Superficie (km^2) : 450 295

Savais-tu qu'en Suède, il existe un hôtel entièrement fait de glace appelé le Icehotel, situé à Jukkasjärvi, reconstruit chaque hiver avec de la neige et de la glace provenant du fleuve Torne, offrant une expérience unique de séjourner dans des chambres sculptées à des températures glaciales, avec des lits, des meubles et même des verres en glace ?

SUISSE

Europe
population : 8 700 000
capitale: Berne
Superficie (km²) : 41 290

Savais-tu qu'en Suisse, il y a une tradition appelée l'Alphorn, ou cor des Alpes, un grand instrument à vent utilisé dans les montagnes, qui était à l'origine utilisé pour communiquer à de longues distances dans les Alpes, et est aujourd'hui un symbole de la culture suisse, joué lors de festivals et de célébrations traditionnelles ?

SURINAME

Amérique du Sud
population: 630 000
capitale: Paramaribo
Superficie (km^2) : 163 820

Savais-tu qu'au Suriname, tu peux explorer le Parc Naturel Central du Suriname, un des plus grands parcs équatorial de jungle protégés au monde, inscrit au patrimoine mondial de l'UNESCO, abritant une incroyable biodiversité, dont des espèces rares et menacées comme le jaguar, le tapir et de nombreux oiseaux exotiques ?

SYRIE

Moyen-Orient
population : 18 275 702
capitale : Damas
Superficie (km^2) : 185 180

Savais-tu qu'en Syrie, se trouve la ville millénaire d'Alep, la plus ancienne ville habitée du monde, avec une histoire remontant à plus de 4 000 ans, célèbre pour sa citadelle, ses souks et son architecture qui reflète les diverses cultures et civilisations qui s'y sont succédé au fil des siècles ?

TADJIKISTAN

Asie centrale
population : 9 749 627
capitale : Douchanbé
Superficie (km^2) : 143 100

Savais-tu qu'au Tadjikistan, tu peux visiter le lac Karakul, formé par un impact météoritique il y a environ 25 millions d'années, situé à plus de 3 900 mètres d'altitude dans les montagnes du Pamir, ce qui en fait un des plus hauts lacs du monde, offrant des paysages spectaculaires et uniques ?

TAÏWAN

Asie de l'Est
population: 23 855 000
capitale: Taipei
Superficie (km²) : 36 193

Savais-tu qu'à Taïwan, il existe un bâtiment appelé le Taipei 101, qui était le plus haut gratte-ciel du monde lors de son achèvement en 2004, et est célèbre pour sa résistance aux typhons et aux tremblements de terre, ainsi que pour son feu d'artifice spectaculaire lors du Nouvel An, attirant des visiteurs du monde entier ?

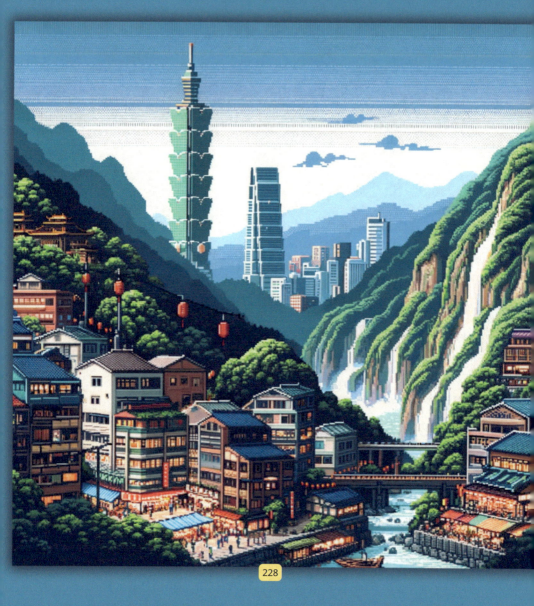

TANZANIE

Afrique de l'Est
population: 61 741 120
capitale: Dodoma
Superficie (km^2) : 947 303

Savais-tu qu'en Tanzanie, se trouve le mont Kilimandjaro, la plus haute montagne d'Afrique, célèbre pour son sommet enneigé près de l'équateur et pour ses trois cônes volcaniques, Kibo, Mawenzi, et Shira, offrant aux randonneurs une expérience unique avec des paysages de haute montagne au coeur de l'Afrique ?

TCHAD

Afrique centrale
population: 18 523 165
capitale: N'Djamena
Superficie (km²) : 1 284 000

Savais-tu qu'au Tchad, tu peux explorer le désert du Sahara et y découvrir l'un des plus grands ensembles de gravures et peintures rupestres d'Afrique, datant de plusieurs millénaires, dans la région du Borkou-Ennedi-Tibesti ?

TCHÉQUIE

Europe centrale
population: 10 827 529
capitale: Prague
Superficie (km^2) : 78 871

Savais-tu qu'en Tchéquie (ou République Tchèque), tu peux trouver un ossuaire unique à Kutná Hora, où l'intérieur de l'église est orné de décorations faites avec des os humains, attirant des visiteurs du monde entier par son histoire fascinante et son étrange... beauté !?

THAÏLANDE

Asie du sud est
population : 69 800 000
capitale: Bangkok (Krung Thep)
Superficie (km²) : 513 120

Savais-tu qu'en Thaïlande, il y a un marché unique appelé le marché sur la voie ferrée de Maeklong, où les commerçants installent leurs étals directement sur les rails, et les retirent rapidement à chaque passage du train, une scène fascinante qui attire de nombreux curieux et touristes ?

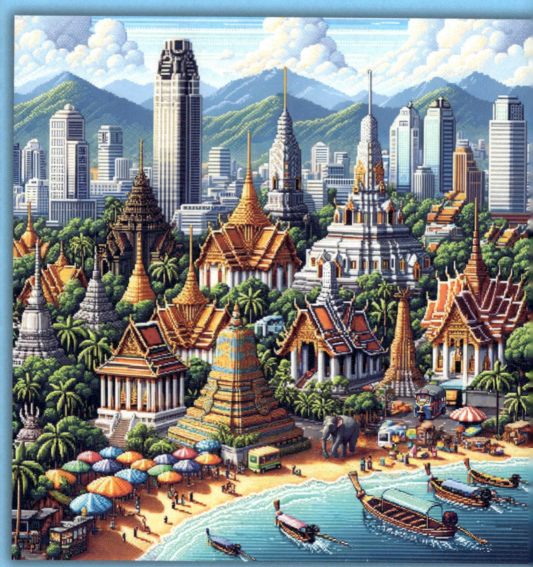

TIBET
CHINE

Asie
population: 3 500 000
capitale: Lhassa
Superficie (km²) : 1 221 600

Savais-tu qu'au Tibet, tu peux voir le Palais du Potala à Lhassa, une impressionnante structure ancienne située sur la Colline Rouge, qui servait de résidence d'hiver au Dalaï-Lama et qui est aujourd'hui un musée et un site du patrimoine mondial de l'UNESCO, symbolisant l'architecture et la culture tibétaines ?

TIMOR-LESTE

Océanie
population: 1 300 000
capitale: Dili
Superficie (km^2) : 14 919

Savais-tu qu'au Timor-Leste, tu peux plonger dans la mer de Banda, l'un des meilleurs sites de plongée au monde, offrant une biodiversité marine exceptionnelle avec des récifs coralliens colorés, une variété de poissons tropicaux, des dauphins, des baleines, et même des rencontres occasionnelles avec des requins-baleines ?

TOGO

Afrique
population: 8 300 000
capitale: Lomé
Superficie (km^2) : 56 785

Savais-tu qu'au Togo, tu peux visiter le marché aux fétiches de Lomé, le plus grand marché vaudou d'Afrique, où sont vendus des ingrédients traditionnels utilisés dans les rituels vaudou, comme des herbes, des ossements d'animaux et des statues, offrant un aperçu fascinant de cette culture et pratique spirituelle ?

TOKELAU
NOUVELLE-ZÉLANDE

Océanie
population: 1 500
capitale: Atafu, Nukunonu et Fakaofo
Superficie (km^2) : 10

Savais-tu qu'à Tokelau, un territoire de la Nouvelle-Zélande dans le Pacifique Sud, toute l'énergie est produite par des panneaux solaires, ce qui en fait le premier pays au monde à être alimenté à 100 % par de l'énergie solaire, un exemple remarquable de durabilité et d'indépendance énergétique dans un petit territoire insulaire ?

TONGA

Océanie
population: 100 000
capitale: Nuku'alofa
Superficie (km²) : 750

Savais-tu qu'aux Tonga, il existe un volcan sous-marin nommé Hunga Tonga-Hunga Ha'apai qui, lors de son éruption en 2015, a créé une nouvelle île éphémère ? Cette île est l'une des dernières formations terrestres sur Terre, offrant un aperçu rare sur la façon dont les éruptions volcaniques peuvent façonner notre planète.

TRINITÉ-ET-TOBAGO

Caraïbes
population : 1 400 000
capitale : Port-of-Spain
Superficie (km^2) : 5 130

Savais-tu que Trinité-et-Tobago est le berceau du steelpan, le seul instrument de musique produisant un nouveau son inventé au XXe siècle, créé à partir de fûts de pétrole recyclés et qui joue un rôle central dans la célèbre fête du Carnaval de l'île ?

TUNISIE

Afrique du Nord
population : 11 700 000
capitale : Tunis
Superficie (km²) : 163 610

Savais-tu que la Tunisie abrite l'extraordinaire site de Carthage, fondé au IXe siècle avant J.-C. par les Phéniciens et qui fut l'un des plus puissants empires de l'Antiquité, rivalisant même avec Rome avant d'être finalement conquis par cette dernière ?

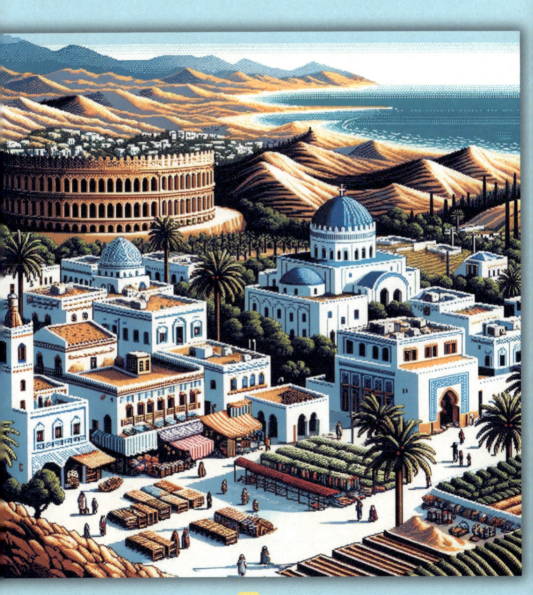

TURKMÉNISTAN

Asie centrale
population: 6 000 000
capitale: Achgabat
Superficie (km^2) : 488 100

Savais-tu que le Turkménistan abrite le Cratère de Darvaza, connu sous le nom de "Porte de l'Enfer", un gigantesque trou de gaz naturel qui brûle continuellement depuis qu'il a été allumé par des géologues en 1971, offrant un spectacle saisissant dans le désert de Karakoum, surtout la nuit ?

ÎLES TURQUES ET CAÏQUES
ROYAUME-UNI

Caraïbes
population: 38 000
capitale: Cockburn Town
Superficie (km²) : 616

Savais-tu que les Îles Turques et Caïques sont entourées par l'un des plus grands récifs coralliens au monde, offrant des sites de plongée exceptionnels où l'on peut observer une biodiversité marine incroyable, incluant des tortues de mer, des raies manta et une multitude de poissons tropicaux colorés ?

TURQUIE

Europe/Asie
population : 84 300 000
capitale : Ankara
Superficie (km^2) : 783 562

Savais-tu que la Turquie héberge l'une des merveilles naturelles du monde, Pamukkale, connue pour ses terrasses en travertin remplies d'eau thermale qui ressemblent à des cascades gelées, un spectacle éblouissant créé par les dépôts minéraux laissés par l'eau chaude qui s'écoule depuis des millénaires?

TUVALU

Océanie
population: 11 000
capitale: Funafuti
Superficie (km^2) : 26

Savais-tu que Tuvalu est l'un des pays les moins visités au monde et qu'il utilise les revenus générés par la vente de son domaine internet ".tv" pour soutenir son économie, un domaine prisé par les entreprises de télévision et de streaming du monde entier ?

UKRAINE

Europe de l'Est
population: 41 000 000
capitale: Kiev
Superficie (km^2) : 603 628

Savais-tu que l'Ukraine est le lieu de naissance du plus grand avion au monde, l'Antonov An-225 Mriya, conçu pour transporter des charges extrêmement lourdes et volumineuses, mesurant près de 84 mètres de long avec 6 réacteurs et une envergure d'aile de 88 mètres ? Il n'en existe plus aucun exemplaire aujourd'hui.

URUGUAY

Amérique du Sud
population: 3 500 000
capitale: Montevideo
Superficie (km²) : 176 215

Savais-tu que l'Uruguay célèbre chaque année la culture des gauchos, les cowboys sud-américains, lors du "Dia del Gaucho", mettant à l'honneur leurs traditions, leur habillement unique et leur rôle crucial dans l'histoire et la culture du pays, notamment à travers des rodéos et des danses folkloriques ?

VANUATU

Océanie
population : 307 000
capitale : Port-Vila
Superficie (km^2) : 12 189

Savais-tu que Vanuatu est le lieu d'origine du saut à l'élastique, une tradition appelée le saut du Gol, pratiquée lors des cérémonies de récolte de l'igname sur l'île de Pentecôte, où les hommes sautent du haut de tours en bois avec des lianes attachées aux chevilles pour prouver leur courage ?

VATICAN

Europe du Sud
population: 800
capitale: Vatican
Superficie (km^2) : 0,44

Savais-tu que le Vatican, le plus petit État indépendant du monde par sa superficie, abrite la célèbre Chapelle Sixtine dont le plafond a été peint par Michel-Ange, une œuvre d'art considérée comme l'une des plus grandes réalisations de tous les temps en peinture ?

VENEZUELA

Amérique du Sud
population : 28 500 000
capitale : Caracas
Superficie (km²) : 916 445

Savais-tu que le Venezuela abrite le lac de Maracaibo, qui est non seulement l'un des plus anciens lacs du monde, mais aussi le lieu où se produit le phénomène naturel du Catatumbo, un orage qui génère des éclairs presque continus à certaines périodes de l'année, offrant un spectacle électrique unique ?

VIÊT NAM

Asie du sud est
population : 96 500 000
capitale : Hanoï
Superficie (km^2) : 331 212

Savais-tu que la Baie d'Halong au Vietnam, célèbre pour ses milliers d'îles calcaires et ses eaux émeraude, a servi de décor à de nombreux films et est considérée comme une des merveilles naturelles du monde, inspirant des légendes sur des dragons qui auraient créé ce paysage enchanteur ?

WALLIS ET FUTUNA
FRANCE

Océanie
population : 11 000
capitale : Matā'utu
Superficie (km²) : 140

Savais-tu que Wallis et Futuna est un territoire où les rois locaux, appelés "Lavelua" pour Wallis et "Tu'i" pour Futuna, jouent encore un rôle important dans la société, perpétuant des traditions politiques et culturelles uniques dans le Pacifique Sud, malgré que ces îles soient officiellement une région de la France ?

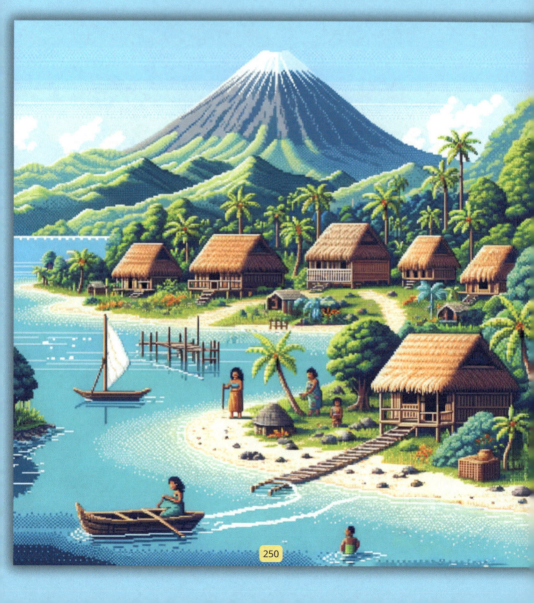

YÉMEN

Moyen-Orient
population: 30 500 000
capitale: Sanaa
Superficie (km²) : 527 968

Savais-tu que le Yémen abrite la vieille ville de Shibam, souvent appelée la "Manhattan du désert", célèbre pour ses immeubles-tours en terre construits au XVIe siècle, qui sont considérés comme les premiers gratte-ciel du monde, démontrant des techniques architecturales avancées en matière de construction en terre ?

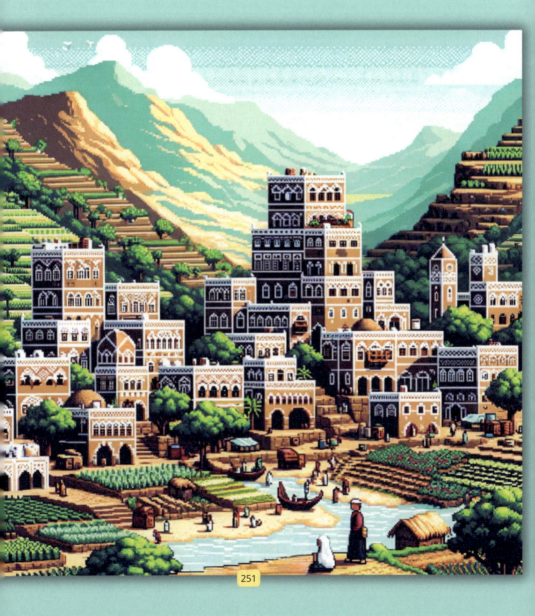

ZAMBIE

Afrique du sud
population : 18 400 000
capitale : Lusaka
Superficie (km^2) : 752 618

Savais-tu que la Zambie est l'un des sites de la grande migration annuelle des chauves-souris, où environ 10 millions de chauves-souris fruitières quittent la République démocratique du Congo pour coloniser le parc national de Kasanka chaque année, créant l'une des plus grandes concentrations d'animaux au monde ?

ZIMBABWE

Afrique du sud
population: 14 900 000
capitale: Harare
Superficie (km²) : 390 757

Savais-tu que le Zimbabwe abrite les Grandes Ruines du Zimbabwe, les plus grandes structures en pierre d'Afrique subsaharienne construites entre le XIe et le XVe siècle, témoignant d'une ancienne civilisation avancée et dont on ne sait aujourd'hui quasiment rien ?

Découvre tous les livres de la collection "Savais-tu Que ?"

Savais-tu Que ? - Les Pays du Monde
1ère édition. Dépôt Légal: à parution - ISBN: 9798884513532
© Exploramabooks
exploramabooks@gmail.com

Tous droits réservés. Aucune partie de ce livre ne peut être reproduite mécaniquement, électriquement ou par tout autre moyen, y compris la photocopie, sans l'autorisation écrite de l'éditeur.

L'éditeur et les auteurs ont fait de leur mieux pour garantir l'exactitude et l'actualité de toutes les informations contenues dans ce livre. Cependant, les choses peuvent changer et l'éditeur et les auteurs ne peuvent accepter aucune responsabilité pour les informations ou conseils contenus dans ce livre.

Printed in France by Amazon
Brétigny-sur-Orge, FR